『望长城内外』系列丛书

长城内外 是家乡
我和长城的故事

《北京日报》副刊部 —— 编著

中国财经出版传媒集团
中国财政经济出版社
北京

图书在版编目（CIP）数据

长城内外是家乡：我和长城的故事 /《北京日报》副刊部编著. -- 北京：中国财政经济出版社，2025.6. ("望长城内外"系列丛书). -- ISBN 978-7-5223-3850-7

Ⅰ. K928.77-64

中国国家版本馆CIP数据核字第2025P13V65号

责任编辑：谷　磊　　　　　　责任校对：张　凡
策划编辑：潘　飞　　　　　　责任印制：史大鹏

长城内外是家乡：我和长城的故事
CHANGCHENG NEIWAI SHI JIAXIANG：WOHE CHANGCHENG DE GUSHI

中国财政经济出版社 出版

URL：http://www.cfeph.cn
E-mail：cfeph@cfemg.cn
（版权所有　翻印必究）
社址：北京市海淀区阜成路甲28号　邮政编码：100142
营销中心电话：010-88191522
天猫网店：中国财政经济出版社旗舰店
网址：https://zgczjjcbs.tmall.com
涿州汇美亿浓印刷有限公司印刷　各地新华书店经销
成品尺寸：220mm×235mm　12开　12印张　55 000字
2025年6月第1版　2025年6月河北第1次印刷
定价：58.00元
ISBN 978-7-5223-3850-7
（图书出现印装问题，本社负责调换，电话：010-88190548）
本社图书质量投诉电话：010-88190744
打击盗版举报热线：010-88191661　QQ：2242791300

总序

几千年来,长城见证了中华民族从多元到一体的形成和发展。1987年12月,长城被列为世界文化遗产,是我国现存体量最大、分布最广的文化遗产,也是当今世界罕见的具有顽强生命力的文化形态。

四十年前,邓小平、习仲勋等领导同志为首都一些单位发起的"爱我中华 修我长城"活动题词,激发了海内外中华儿女保护长城的热情。党的十八大以来,习近平总书记高度重视长城文化价值发掘和文物遗产传承保护工作,多次作出重要指示,指导推动长城国家文化公园建设。2024年5月14日,习近平总书记给北京市延庆区八达岭镇石峡村的乡亲们回信,向他们致以诚挚问候并提出殷切期望:"希望大家接续努力、久久为功,像守护家园一样守护好长城,弘扬长城文化,讲好长城故事,带动更多人了解长城、保护长城,把祖先留下的这份珍贵财富世世代代传下去。"习近平总书记还强调:"长城是中华民族的代表性符号和中华文明的重要象征,凝聚着中华民族自强不息的奋斗精神和众志成城、坚韧不屈的爱国情怀。保护好、传承好这一历史文化遗产,是我们共同的责任。"

通过保护传承、活化利用,让长城这一古老的文化瑰宝,在新时代焕发出勃勃生机和全新光彩,是当代人之责。同时,弘扬长城文化、讲好长城故事,也能吸引更多人加入保护长城的队伍,共同守护这一宝贵的历史文化遗产。我们相信,保护长城最有效的方法就是传承长城文化,人们只有更多了解长城背后的故事,才会心存敬畏,才能从心底自发保护长城。

1936年初,毛泽东主席《沁园春·雪》用一句"望长城内外"展现了中国大好河山的雄伟景观。今天,我们用"望长城内外"系列丛书,接续伟人豪迈的意兴、大气的意境、雄伟的气魄,延展中华民族精神生生不息的根脉,感召亿万中华儿女保护长城遗产、挖掘长城价值、传承长城精神,谱写新时代的"长城之歌";我们用"望长城内外"系列丛书,展现一幅以长城为"轴",横跨万里山河,贯通千年文脉的厚重画卷!

本套丛书主要讲述"长城与人"的故事,展现长城的文化资源被不断挖掘阐述，融入人们的日常空间，丰富、滋养着人们的生活。丛书各本里的主人公们，要么终生与长城相伴，甘当"长城保护员"，大力宣传长城知识，用实际行动保护长城、宣传长城文化；要么成为"长城摄影师"，通过镜头，为长城留下"写真"，记录传播长城故事，把长城精神融入作品，以艺术形式把长城精神传播得更远、存得更久，为长城的"断代史"留下珍贵的影像记录：长城从断裂到修复，长城脚下从黄沙漫漫到绿色绵延，长城边的村庄从以传统农业为生到现代农业蓬勃发展。

我们希望，通过本套丛书"人城合一"的内核、图文并茂的形式，以民族情怀和国际视野挖掘其所蕴含的哲学思想、人文精神和价值理念，充分提炼长城精神内涵，深度解读长城精神的内涵：一是团结统一、众志成城的爱国精神；二是坚韧不屈、自强不息的民族精神；三是守望和平、开放包容的时代精神。

我们希望，通过本套丛书，为做好长城保护，讲好各民族交往交流交融故事，展示中华民族灿烂文明，坚定文化自信，弘扬社会主义核心价值观，促进经济社会发展，推进中国式现代化凝聚更澎湃的社会力量和更广泛的全民自觉。

我们希望，本套丛书成为沟通中外的"桥梁"。据统计，八达岭长城累计接待世界各国元首、政府首脑超过520位，说明长城在中外交流、文明互鉴中扮演重要角色。我们相信，本套丛书深入挖掘长城与中华文明的和平价值，将长城文化作为中国"一带一路"建设中对外文化交流的窗口，通过讲好长城故事来讲好中国故事，有效实现中华优秀传统文化的创造性转化和创新性发展，可以为推动构建人类命运共同体注入深入持久的长城文化力量，对在世界范围内构建"和而不同"多元共存的全球文明秩序具有一定的理论价值。

总之，我们呼吁，通过本套丛书，越来越多的人能加入长城遗产守护、长城文化传承和长城精神弘扬的队伍中，深耕长城文化赋能，讲好长城故事。巍巍长城，乃中华脊梁。人会老，但长城不会老，长城精神更不会老。我们要通过出版物，将长城文化一代代传下去，教育当代人和子孙后代继续保护长城，发扬长城精神，顽强拼搏、不懈奋斗。

长城内外是故乡，长城内外百花香。古往今来，伟大的万里长城始终以博大的胸怀展现着民族精神的深厚底蕴，已然成为海内外中华儿女同呼吸、共命运的精神纽带，成为中华民族的精神家园。长城精神历久弥新，古老长城在新时代巍然屹立。

希望"望长城内外"系列丛书，成为历史"箭楼"中的一道传接文明的"烽火"，向过去致敬，向未来呼号！

希望"望长城内外"系列丛书，让更多的人，更加了解长城、更加热爱长城！

序言

每个人心中都有一座长城

一条巨龙，从古至今，穿越千年，蜿蜒万里，熔铸成中华民族的脊梁，彰显着众志成城的奋斗之路与民族之魂。一代代炎黄子孙，行走、攀登、触摸，感悟那古城残壁间的风霜洗礼与岁月沉淀。

长城对于中国人到底意味着什么？大概每个人心中都有属于自己的故事与记忆。这条蜿蜒万里的东方苍龙，早已挣脱了青砖条石的物理边界，随夕阳照拂城垣，在每个人的精神疆域里投下千重倒影……

北京段长城是万里长城的精彩华章：襟喉重地古北口，京师北门黄花镇，重门天险居庸关，北门锁钥八达岭，长城大观金山岭，雄奇俊秀慕田峪等举世闻名的长城奇景，都雄踞于此。长城文化带与北京大运河文化带、西山永定河文化带共同承载了北京"山水相依、刚柔并济"的自然文化资源和城市发展记忆,彰显了古都文脉。

北京的媒体也与长城保护渊源甚深。四十年前,《北京日报》《北京晚报》发起的"爱我中华 修我长城"的活动,在全国范围内掀起一场深刻的爱国主义教育。

1984年6月,时任《北京晚报》新闻部记者的苏文洋在常年采访中了解到北京的长城失修严重,使命感和责任感让他决定通过媒体发起一场社会捐款活动。在得到报社与北京市委的支持后,1984年7月5日和6日,《北京晚报》《北京日报》分别在1版刊登了一则消息——为保护历史文物,加速修复长城重点地段,举办"爱我中华 修我长城"社会赞助活动。

赞助活动的启事见报后,立即受到中央领导同志、有关部门的热情支持和响应。7月5日当天晚上,习仲勋同志对《北京晚报》记者说:"这是一个好的活动,是件大好事。"并为活动题词。一个多月后,邓小平同志为活动题词:"爱我中华 修我长城。"

前来赞助活动委员会办公室捐款的人排起了长队,启事刊登八天后收到的赞助款便突破一百万元。延庆县西拨子乡岔道村张志有等十二户农民,献出长城砖石一千五百多块……与此同时，书信也从祖国的四面八方寄来，感人肺腑的事一件又一件。

"爱我中华 修我长城"影响力延续至今。为宣传长城，弘扬长城文化，北京市从2019年开始举办长城文化节活动。2024年，在长城文化节举办前夕，由时任《北京日报》副刊部主任李红艳策划、文学版责任编辑傅洋执行，发起了"记忆里的长城，我与长城的故事"征文活动，邀请社会各界人士讲述自己的长城记忆。这是一次没有设立奖金和奖项的征文活动，但在发布启事短短半个月内，征稿信箱就收到了来自全国各地作者的上百封邮件，人们踊跃诉说自己对长城浓厚的感情。

作为选稿编辑，我时常为稿件内容所动容，面对大量优质来稿，心中实难取舍。最终，在众多的投稿中，编辑部选取了一些有代表性的稿件刊发在报纸版面上。作者中汇集了老中青几代人，不同的年龄、职业与经历，但都同样怀着一颗赤子之心。

其中，有生活在古北口长城脚下，四十年前为呼吁保护长城向媒体发出求救信的郊区干部。有20世纪80年代以工人身份用508天时间徒步

6000多千米从山海关走到嘉峪关，最终成长为长城学者的董耀会。有当年响应"爱我中华 修我长城"号召，全家省吃俭用捐出一年积蓄的普通职工。有三十年拍摄长城，"用影像为长城写诗"的摄影师李少白。有长城保护研究的"国家队"——长城保护工程项目管理组"80后"骨干张依萌。有行程十万多公里，拍摄了七十多万张长城照片的"90后"摄影师杨东。有一年四季在野外长期独自穿越，收集散失的长城碑刻资料，用绘画、拓片等方式记录长城现状的古建画家连达……

有人少时初登长城即被震撼，立下终身报国之志；有人像守护至爱双亲一样守护长城这位"老人"，奉献毕生精力与心血。受限于版面，我们只能选取极少一部分稿件刊发，更多征文"遗珠"没能见刊。在此，我们也诚挚地感谢每一位征文的参与者，从一个个故事中，感动于你们对长城的一片深情与挚爱。

每个人心中都有一座长城，愿本书能唤起你与长城的一段记忆。长城的故事，厚重沧桑、代代传诵；长城的精神，生生不息、薪火相传。

《北京日报》副刊部责任编辑　傅　洋

目录 | CONTENTS

002　我的长城人生
　　——兼忆40年前长城徒步508天 / 董耀会

　　如今，我为长城做事情的状态，正契合孔子所言："发愤忘食，乐以忘忧，不知老之将至云尔。"能以自己有限的生命陪伴长城，对我来说是非常荣耀的事。长城事业已融入了我的生命，有生之年会陪伴着长城，一起走下去。

012　我和长城握手 / 李培禹

　　我站在长城之巅，站在西哈努克、里根、田中角荣、尼克松、施密特、李光耀、撒切尔夫人、铁托、明仁天皇、伊丽莎白二世、戈尔巴乔夫、甘地、卡斯特罗、曼德拉、布什、普京等世界风云人物登临的地方，仿佛看到一条巨龙正穿越历史的烟云，骄傲地腾舞在中华大地上！

024　万里关河归梦想 / 肖复兴

　　我站在那里，扶着墙垛喘息，从垛口望去，山脉起伏，如浪涛奔涌，静寂无声，却可以想象得到苍茫岁月中金戈铁马的奔突声；往上望去，长城如同一团钢青色的火焰，跳跃着，次第有序地在往上面燃烧。曾经多少英雄梦想，多少家国情怀，多少百姓生息，多少战伐杀伤，多少大人物小人物，多少时光沧桑流逝，在这里也如火焰一般燃烧不尽。不禁想起放翁的诗句：万里关河归梦想，千年王霸等棋枰。

032　大城小将 / 张依萌

长城"活"在当代中国人的生活里。也正因如此，人们常忘记它已经是一位两千五百多岁、疾病缠身的"老人"。长城项目组不是明星的经纪人，而是病人的医生、老人的守护者。长城保护没有波澜壮阔，也没有鲜花和掌声。有的只是日复一日、年复一年的耐心照顾。

040　那一年，我们举行了长城婚礼
　　　——20年行走长城琐记 / 连　达

后来受"长城小站"的影响，我明白了个人在长城面前的渺小。号称征服过长城的人已经或正在化为历史中的尘埃，长城却仍然屹立着。它不该被我们当作征服的目标，而应是我们爱护的对象。想到众多濒临倒塌的城墙和敌楼、被遗弃甚至砸碎的碑刻、被人从城墙上抠走的文字砖，还有其他破坏长城的行为，我怎能麻木不仁？必须沉下心来为长城做事才行！

048　长城，家国情怀半世缘 / 蒋　力

我们都知道血肉之躯与花岗岩石孰软孰硬，我们更知道，砖石筑成的长城固然坚硬，人民的长城更是无敌。当《义勇军进行曲》成为一个大国的国歌时，当我们的陆海空军以自己的防御力量形成真正的"钢铁长城"时，长城，才获得了它的新生。无论自豪还是骄傲，都是指民族精神而言的，没有国盛民强的时代，长城就是一线长长的泪痕。

056 40年前，我为修长城捐了500元 / 许光仲 口述　张小英 整理

  1984年7月5日，《北京晚报》与八达岭特区办事处联合发起"爱我中华　修我长城"社会赞助活动。我在报纸上看到这条消息后，捐了500元，那是全家省吃俭用攒了近一年的积蓄。时隔40年，想起当年往事，我依旧心潮澎湃。

  当年，国家经济困难，我只是为修长城做了力所能及的事情。后来，我再去爬长城时，看到很多地方都被修缮过，打心里高兴和骄傲。

  我作为一个1941年出生的人，经历了时代的巨大变革，见证了长城命运的变化。我相信，"万里长城永不倒，千里黄河水滔滔"。

062 四十年前，一封长城求救信发出…… / 王长青

  这条十万里的长城就像一条巨龙腾空而起，屹立东方，成为世界奇迹。万里群山、黄河沙滩、茫茫草原、山环水绕，一路走来。在那翠绿的松柏，红红的枸杞，茂密的黄杨、五角枫、火炬、野栾、山楂、山杏、山桃等树种，百合、苍株、黄芪、串地龙等药植物衬托下，更显出它特有的中华民族的颜色。

082 我见证了明长城东端起点修复 / 于绍纲

  我讲完虎山长城的考察、论定和修复，学友赞叹不已。我说，如果不是在20世纪90年代初做了这件事，明长城东端起点虎山段的命运，还不知道是什么样子。

  车窗外，流经虎山长城的鸭绿江水平缓而清澈，诉说着虎山长城的新生，流向黄海，奔向远方。

088 三十年，用影像为长城写诗 / 李少白

拍摄长城，也是在阅读、研究长城，经过三十多年的积淀，在我的"心理版图"上也形成了三条长城：一条是空间上的风光长城，一条是时间上的历史长城，还有一条是与人有关的人文长城。恰是这三条"长城"融汇于我的心胸，也共同组成了我所有的长城影像。

096 用我一生为长城留影 / 杨 东

我的家乡在辽宁丹东虎山长城脚下，我拍的第一张照片也是我们家乡的虎山长城。拍摄长城的过程让我感到了历史的伟大，同时也深切感到个体生命的渺小，特别是一个人独自与长城对话的过程中，会触景生情，有一种穿越时空与历史对话的感觉。

长城于我而言，好比一部宝典和一座富矿。它寄寓着深沉的民族情愫，在历史、在人民面前，我深感自身的渺小和无知，始终心怀敬畏和感恩。长城静静地坐落在华夏大地，每走近它一次，它就会馈赠你一次。对我而言，被赠予的是信念、是知识、是毅力、是情怀。所以，每当用镜头对准它时，我感到快门上的指尖很重，害怕由于自己能力不足而破坏了它的应有之美。

102　看到长城就看到了家 / 马誉炜

那次老专家在我们部队住了三天,帮助官兵现场解决科技练兵中遇到的各种问题。路途中的游览长城无疑给了老专家许多灵感,他在给官兵授课时,是以长城为由头开讲的。他说,巍然屹立的长城,是中国人民智慧和意志的象征。一道绵延万里的长城,在军事防御、促进交通交流与经济发展、保护农田耕种等方面都曾起到重要作用。时代不同了,我们应当筑起新的"长城"。在实战训练上首先就是要树立必胜信心,做到"心胜"在先,绝不能被遇到的难题和困难吓倒,以"攻城不怕坚,攻书莫畏难"的精神,严格要求,严格训练,不断提高部队实战能力和打赢本领。从那以后,官兵们投身科技练兵的劲头更足了,在后来的全军科技练兵比武中,我们部队取得了优异成绩。

106　旧识新知长城缘 / 孙明舜

白驹过隙,我也到了快退休的年龄。看着手边厚厚的长城稿件,想着冥冥中自己与长城的缘分——从小时候远望长城,到登上长城,再到如今参与编纂长城文化辞典,获得关于长城的新知……心头不禁感慨万千。

112　风过长城岭 / 张金刚

有"冀晋咽喉"之称、地处"燕晋分疆处"的长城岭，海拔一千五百多米，群峰连绵，松涛阵阵，尽显巍巍太行的雄伟壮丽之姿。

面向蜿蜒北上的明长城，身依"万里长城·长城岭"的标志碑，我肃然静立；右手一指是燕赵大地的河北阜平，左手一指是三晋大地的山西五台。虽地域、文化有异，然而冀晋同在八百里太行，山同脉、水同源、路相通、人相亲。

多次站在长城岭山口，我似站在自然与历史的风口，感受着来自河北慷慨悲歌的风吹到五台，来自山西文明厚重的风吹到河北；山风清凉，挟着故事，拂过历经近五百年风雨的边墙垛口、青砖石条，我不禁心潮翻涌、思绪万千。

118　我的"长城印象" / 高　诺

长城，是壮丽河山的化身，这是我对长城的幼时印象。

长城，是中华文明的符号和爱国精神的象征，这是我在小学时对长城的印象。

长城，是各族人民智慧的结晶和民族命运共同体的见证，这是我在大学时对长城的印象。

长城，在保护中利用，在传承中发扬，长城会更加壮美多姿，这是我对长城的最新印象。

我的长城人生

——兼忆 40 年前长城徒步 508 天

董耀会

如今,我为长城做事情的状态,正契合孔子所言:"发愤忘食,乐以忘忧,不知老之将至云尔。"能以自己有限的生命陪伴长城,对我来说是非常荣耀的事。长城事业已融入了我的生命,有生之年会陪伴着长城,一起走下去。

2024年是邓小平、习仲勋等党和国家领导人为"爱我中华　修我长城"活动题词40周年，也是我们出发徒步考察明长城40周年。

1984年5月4日至1985年9月24日，我和吴德玉、张元华从山海关出发，历时508天徒步长城，走了7000多公里后，最终到达嘉峪关，在长城上留下了人类第一行完整的足迹。最开始只有我和吴德玉两个人，两个月后，张元华也加入进来，三个人一起走。

徒步长城准备了两年

为什么要徒步走长城？我是秦皇岛人，18岁参加工作在秦皇岛电业局做外线工。架高压线经常在野外施工，特别是在山上接触长城。秦皇岛有200多公里的长城，每一段的修建都不一样。有石头墙，有砖墙，还有土墙。每一座空心敌楼也不一样，有两三个窗户的，有四五个窗户的。门的式样和位置也都不一样。这在我心里埋下了探索长城的种子。

我也热爱文学，文学一直是我的一个梦，于是总想写点关于长城的文字。长城是什么时候修建的？谁修建的？修建长城做什么？有一天，我突

长城内外是家乡

然产生一个想法：既然长城是分段修建的，也是分段守卫的，那么长城上肯定没有人从头到尾地走过。如果在长城上留下人类第一行完整足迹的是我，这将是一件多么有意义的事。

长城是什么样，谁也不知道，当时也没有国家相关部门做过调查。走完了，把长城的现状记录下来留给后世，肯定非常有意义。我把这个想法告诉了好朋友吴德玉和张宝忠，他俩也同意参加。我们为此准备了两年：一是对长城知识的储备，主要是查找修建长城的历史文献；二是增强体力；三是积累经费。

长城资料的查找过程并不顺利，那时候想了解关于长城的信息，并不像现在有如此丰富的资料。关于长城的书非常缺乏，长城状况是什么样的？资料完全是空缺的。为了更多地了解长城，我便去找老一辈的文化人请教。我还查阅一些当地的州府县志，为了能看到全国各个地方志，又特地到北京图书馆去查资料。北京图书馆那时是在北海，当时还没有现在的国家图书馆。为了省钱，我晚上就在图书馆附近找一个可住宿的澡堂，1.5元洗个澡，然后在澡堂大堂的床上睡觉。出发之前，我已将长城沿线的州府县志基本查完了，包括明朝的史鉴。我们考察的是明代的长城，还查了《九边图说》《边政考》等与明代长城相关的历史文献。

正式出发前，我做了详细的计划。把每个月要走到哪里、走什么路线都计划好了。我们使用的是军事地图，上面对长城标注得非常清楚。本来是打算和两个发小一块走长城，张宝忠临近出发时才跟家人说，遭到家人的一致反对，最终他扛不住阻力退出了。我的爱人却非常支持我，那时孩子刚一岁多，我妈身体也不好，家里全靠她了。

我当时是单位的线路工程队安全员，非常重要的一个岗位，同时还是线路工程队的工会主席。大家都不理解，我们为什么要去做这件事。我们向单位打报告，请单位支持并允许我们带着工资走。我当时是三级工，一个月工资有 48 元 8 角。单位没同意，最后只批准了停薪留职。我当时想，既然下定决心，无论遇到什么困难都要去做这件事，哪怕是辞职。

老乡做向导走了 7400 公里

1984 年 5 月 4 日，我和吴德玉从山海关出发了。我们主要走的是明长城。明代长城的里程,国家长城资源调查结果公布的数字是 8851.8 公里,40 年前我们走的记录是 7400 公里。

长城徒步考察主要是考察,是要工作的,不能只是走,还要记录所见所闻。每天拍的照片要编号,晚上要把路线都整理出来。差不多每天都得到将近深夜才能整理完。再写完日记,基本上就到 12 点以后了,第二天天一亮还得出发。夏天中午太热,要找个凉快地儿休息一下,冬天中午也会不停地走。

白天行走长城,晚上在老乡家里留宿并整理资料。每天会有一个老乡做向导,陪我们走一天的路,在宿营地住一晚第二天回去。下一个村子,再有一个向导陪着往下一站走。因为仅仅靠地图走不行,长城很多地方以险为塞,只有当地老乡才知道哪条小路能绕到长城的哪个点上去。老乡对当地的山路、小路都熟悉,我们要记录长城的位置地名,地图上基本上都标不出来,全靠向导告诉我们。

在长城徒步的 508 天,不是极限挑战,而是一次考察。1985 年 9 月 24 日到达嘉峪关,后来又用了两个月考察鸭绿江到山海关的明辽东镇长城。

我们的考察报告《明长城考实》，是结合历史文献，再把当时的状况记录下来。另外，我们还写了一本通俗读物《长城万里行》，让大家跟着我们一起走近长城、了解长城。我还有一个计划就是文学的创作，记录我们自己的心路历程和长城沿线接触的人生百态。这部分内容主要是个人日记，目前已开始整理，争取在徒步考察明长城完成40周年纪念之际出版。

陪伴长城四十年

1987年，长城被列入世界遗产名录，中国加入世界遗产公约是我的导师侯仁之先生提出来的。

在写完《明长城考实》这本书之后，我与吴德玉到北京大学跟随侯仁之先生学习，研究长城。此后40年，我一直致力于长城的研究、保护、宣传和利用，出任中国长城学会副会长、中国旅游协会长城分会会长、中宣部宣教局核心价值观百名特聘讲师。作为国家文化公园建设工作专家咨询委员会专家委员，我年近七旬还奔波于督导调研的第一线。60岁之后，我在河北地质大学长城研究院担任院长，在燕山大学中国长城文化研究与

长城内外是家乡

传播中心担任主任，陪伴年轻人为长城事业奋斗，陪伴他们成长是我的最大愿望。

40年来，除了《明长城考实》，我还著有《瓦合集——长城研究文论》《守望长城——董耀会谈长城保护》《长城：追问与共鸣》《明代长城史》《长城史稿》等专著十余种。多次陪同来华访问的各国政要参观长城，如1998年6月美国总统克林顿访华，2002年2月美国总统布什访华，我都作为指派专家陪同参观长城。2024年，我为纽约和费城做了长城文化展览，也给宾夕法尼亚大学等美国高校做了长城学术报告。

我主持和参与过多项国家社科基金及部省级长城相关的科研项目。2008年奥运会前受国务院新闻办委托，主编大型画册《长城》，受到各国代表团欢迎。2007—2017年，主持国家"十二五"项目、国家出版基金项目《中国长城志》的编纂工作，担任总主编。2019年，主持国家文化和旅游部长城国家文化公园建设《长城文旅融合发展专项规划》的编制。我认为，长城的保护、利用、研究始终是一件在路上的事。

如今，我为长城做事情的状态，正契合孔子所言："发愤忘食，乐以忘忧，不知老之将至云尔。"能以自己有限的生命陪伴长城,对我来说是非常荣耀的事。长城事业已融入了我的生命,有生之年会陪伴着长城,一起走下去。

(作者为中国长城学会副会长)

摄影：李少白

摄影：杨 东

我和长城握手

李培禹

  我站在长城之巅,站在西哈努克、里根、田中角荣、尼克松、施密特、李光耀、撒切尔夫人、铁托、明仁天皇、伊丽莎白二世、戈尔巴乔夫、甘地、卡斯特罗、曼德拉、布什、普京等世界风云人物登临的地方,仿佛看到一条巨龙正穿越历史的烟云,骄傲地腾舞在中华大地上!

1

我第一次来到八达岭长城,是极不寻常的情境:1972年的一个冬日,银装素裹,山舞银蛇,我们一群中学生早早来到长城上,迎候美国总统尼克松的到来。我只记得当时上级要求我们"不卑不亢",别的都没记住。毕竟,那时的我还是个懵懂少年。

1952年,中国决定"修复八达岭长城,对外接待中外友人",揭开了古老雄关新的历史篇章。由于八达岭最早对外开放,乃至很长一个时期是北京唯一一处接待游客的长城景区,所以人们已习惯把八达岭叫作长城,把长城叫作八达岭。

1982年,我大学毕业后分配到《北京日报》当记者,负责郊区县的报道,时常要去昌平、延庆采访。每当路过居庸关、八达岭长城时,我都会郑重地向它行注目礼。当然,一旦有机会,我便毫不犹豫地投入它的怀抱。站在长城之巅,正值青春年华的我,不禁涌出了献给它的一首诗:

晨风中我站在八达岭的垛口/思想感情的波涛在放纵奔流/长城啊,

长城内外是家乡

此时我抚着你每一块岩石／你知道吗？我是在和你紧紧握手／用不着山谷录下豪迈的誓言／握手，十指连着心头／心中既已燃起振兴中华的烈焰／攀登吧，我所有无愧于长城的朋友！

长城，就这样深深地融入我的青春记忆。

握手，十指连着心头。幸运的是，在我的记者生涯中，竟多次有机缘与长城握手，真是刻骨难忘。

1984年，《北京日报》《北京晚报》的记者在一座楼里办公、一个食堂吃饭。《北京晚报》的记者苏文洋在采访中看到北京境内的一些长城年久失修，十分忧虑，他大胆地提出"爱我中华　修我长城"的呼吁，并为此不遗余力地发报道、写内参。报社领导意识到，这不应仅是一个晚报记者的担当，于是决定让《北京日报》记者也参与进来。一天早上，我刚到办公室，报社总编辑王立行的电话就打了过来："小李，跟我去趟怀柔。"我钻进他的小车才知道，总编辑是要去慕田峪长城看看。我说，没有联系怀柔县委啊。老王说，我们去实地看看，不麻烦人家。那天，我跟着他爬了很远一段长城，包括几处尚未开放的"野长城"。我累得满头大汗，他手摇蒲扇，笑呵呵地等我。回来后不久，报社就作出发起"爱我中华 修我长城"活动的决定，还带头给慕田峪长城捐了款。邓小平同志和习仲勋同志分别题词"爱我中华 修我长城"，随后，一场波澜壮阔的长城保护活动蔓延全国。

四十年过去了，我和苏文洋都已年过花甲，再登长城，苏老还聊起当年他骑着自行车到中南海取邓小平同志题词的情景。有人问："报社给你奖励了吗？"他笑答："当然了，那是重奖——30元！"

2

万里长城万里遥，横卧燕京知多少？

1984年，北京市政府联合当时的地质矿产部等部门共同启动了一项航空遥感综合调查项目，调查北京境内长城的基本情况。最后得出结论：横亘北京地区的长城呈半环状，分布于北部燕山丛中，从东到西，全长约629公里，共有城台827座，关口71座。

站在长城之巅，我思绪翻飞，不禁想起已故的长城研究专家罗哲文教授。他从 20 世纪 50 年代起就全身心地投入长城研究之中，可谓长城学界泰斗。我曾经在他晚年当面聆听他的教诲，也意外地得知：罗老在花甲之年，竟第三次登上了京蓟长城的最高点——望京楼。

提起这次攀登，罗老深情地忆起新中国文物事业的主要奠基人和开拓者之一、国家文物局原局长王冶秋先生。他为研究长城、保护长城倾注了毕生的心血。临终，王冶秋先生的遗愿是：把他的骨灰撒在长城上。1987 年 10 月，作为王先生的故交好友，罗哲文教授受托与王冶秋先生的家人一起，完成了这一任务。那天，罗老含着泪，以花甲之躯再登长城。举目四望，崇山峻岭已是层林尽染。王冶秋先生的骨灰，徐徐飘进了群山的怀抱。

自那以后，我就想，我也要登一次京蓟长城的最高点——望京楼。

机会来了！1994 年，著名摄影师罗小韵、王瑶应《国家地理》杂志的约稿，要去拍摄司马台长城的专题，特邀我撰写文稿。于是，在暮秋时节，我们驱车百余公里去探寻以险、峻、奇著称的司马台长城。

两位女摄影师要赶在太阳偏西之前攀上长城拍照，午饭之后我们便踏上攀登长城的山路。司马台旅游公司职员李成军和我们同行，这位朴实的小伙子是本地人，一路上成了我们不可或缺的向导。

司马台长城的"险"名不虚传。小李介绍说，司马台长城以水库为中心，分为东西两段，算上已冲毁的水关楼，总计35座敌楼。闻名的天池、天桥、天梯、仙女楼、望京楼就在我们爬的这一路。刚刚爬过两三座敌楼，我们便大汗淋漓了。奋力攀登第五六座敌楼时，随身携带的6瓶矿泉水就已经喝完，渴了只能采摘山崖上的酸枣。小李说："前边有天池，到那儿就有水了。"

这也算个动力吧，我们继续跟在小李身后往上爬。说"爬"倒也贴切，有不少地段，我们都是四肢着地慢慢挪过去的。此时的小李，虽替我们背着重重的摄影包，却身轻如燕。

回头望望，这司马台长城竟是修筑在刀削斧劈似的山脊上，蜿蜒曲折，好不惊险。当初戚将军的士兵们，是怎样把石料、城砖运上这悬崖绝壁的呢？

再往前爬，人称"天桥"的一段长城就在眼前了。"天桥"缘刀刃山脊修筑，坡陡、墙窄，最窄处仅有两块城砖，约40厘米宽，呈直梯状延伸且两侧毫无护栏。往脚下一看，百丈深渊令人不寒而栗。据罗哲文教授考证，这种仅 40 厘米宽的长城墙体，为司马台长城独有，谓之一"最"。

小心翼翼地爬过"天桥"，我们坐在陡峭的长城上小憩。小伙子说了声："你们等着。"便飞身找水去了。原来，"天池"的水非勇士是取不来的。

此时，我们的脸上都是汗涔涔的。冷汗？热汗？大概都有。我不禁想起一句古诗："地扼襟喉趋朔漠，天留锁钥枕雄关。"

喝过清凉甘甜的天池水，我们精神大振，这才开始向司马台长城的最高点——海拔 968 米的望京楼冲击。据记载，登上望京楼，可东观"雾灵积雪"，西望"蟠龙卧虎"，北看"燕山叠翠"，南眺"水面明珠"。入夜，还可遥望京城万家灯火。

我们终于站在了长城之巅，橘黄色的余晖正洒在古老苍莽的长城上，使它看上去更像一条腾飞的火龙。

这一天，这一次，我与长城的握手，真是终生难忘。

3

站在长城之巅，我忽然想到，1972 年美国总统尼克松登上八达岭长城，他是来到这里的第多少位外国元首或政府首脑呢？那么，新中国成立后第一位登上八达岭长城的外国政要又是谁呢？再有，迄今为止已经有多少位外国元首或政府首脑曾来到八达岭长城游览呢？

让我先来举手"抢答"吧：第一个问题，尼克松总统是第十三位登临八达岭长城的外国元首，时在1972年2月24日；第二个问题，第一位到访八达岭长城的外国政要是印度总理贾瓦哈拉尔·尼赫鲁，时在1954年10月，他是由周恩来总理亲自陪同而来的。至于第三个问题——迄今为止已经有多少位外国元首、政府首脑游览过八达岭长城？告诉您吧：五百多位啦！

我能准确地回答出上述问题，缘于我与长城的又一次握手。

2015年，北京市记协的一位领导找到我，说："交给你一项光荣而艰巨的任务，八达岭长城准备出一本大型纪念画册，想请你撰写文稿。"啊，这可真是一件大好事！我"光荣"地领命。

当我又一次攀登上八达岭长城之巅，随着介绍，站在一位位国际政要到过的雉堞、女儿墙、垛口、烽火台时，眼前展开的是一幅幅独特且多彩的"这边风景"。

也正是从 1954 年周总理陪同印度总理尼赫鲁游览八达岭长城起，这里被国务院确定为中国政府重要的国事礼宾接待场所。凡部长级以上的外交风云人物到中国访问，几乎都要到这里领略长城的迷人风采。

1972 年，尼克松游览八达岭长城时不无感慨地说："太伟大了，只有一个伟大的民族，才能建造出这样一座伟大的长城。"在他登临长城 30 年后的 2002 年 2 月 22 日，小布什总统在圆满完成对我国短短 30 个小时的国事访问后，也特意赶到了八达岭。在长城之上，当他得知正站在当年尼克松到达的地点时，便幽默地说："我要超过尼克松总统当年的纪录。"接着，他又迈步前行了数十米。时光转瞬到了 2009 年，美国总统奥巴马在首次访华的最后一天，也特意游览了八达岭长城。面对雄伟的长城和中国人民的热情，奥巴马动情地写下了："长城的宏伟和壮观让我很受启发，同时我也非常感谢中国人民的热情接待。"

我站在长城之巅，站在西哈努克、里根、田中角荣、尼克松、施密特、李光耀、撒切尔夫人、铁托、明仁天皇、伊丽莎白二世、戈尔巴乔夫、甘地、卡斯特罗、曼德拉、布什、普京等世界风云人物登临的地方，仿佛看到一条巨龙正穿越历史的烟云，骄傲地腾舞在中华大地上！

记得我交稿的那天，长城上飘起了雪花儿，一瓣儿一瓣儿地漫舞，好美丽啊！

（作者为中国作协会员，《北京日报》副刊部原主任）

摄影：李少白

摄影：杨 东

万里关河归梦想

肖复兴

我站在那里，扶着墙垛喘息，从垛口望去，山脉起伏，如浪涛奔涌，静寂无声，却可以想象得到苍茫岁月中金戈铁马的奔突声；往上望去，长城如同一团钢青色的火焰，跳跃着，次第有序地在往上面燃烧。曾经多少英雄梦想，多少家国情怀，多少百姓生息，多少战伐杀伤，多少大人物小人物，多少时光沧桑流逝，在这里也如火焰一般燃烧不尽。不禁想起放翁的诗句：万里关河归梦想，千年王霸等棋枰。

那年夏天，两个小孙子从美国来北京，一个八岁半，一个六岁半。颐和园、香山、北海、天坛、潭柘寺、石花洞都去过了。问还想去哪儿？两人异口同声：去长城！

去长城，一直是他们的一个梦想。虽然他们不知道"不到长城非好汉"的诗句，却知道新民谣中来北京三大要做的事情："吃烤鸭，逛燕莎，爬长城。"当然，也听过孟姜女哭长城的民间传说，从而知道古老的长城，是必去的京城要津。

那天，我们去了慕田峪长城，住在长城脚下的民宿。到那里时，天已黄昏。放下背包，两个孙子就嚷嚷着要去爬长城。好客的房东是当地的农民，岁数不大的两口子，端上来树熟的鲜灵灵大黄杏，非让我们尝尝，说今晚先好好歇歇，明天一早再去爬长城。两个孩子哪里等得及，顾不上吃杏，已经跑出了屋。我们几个大人只好也跟着跑了出去。

走不远的路，就到了长城脚下。青山苍翠，树木葱郁，花草四溢，长城逶迤，在头顶如龙盘亘。满山的树木，像是给长城安上了丰满的绿色羽翼，直可以振翅飞天。两个孩子来不及抬头望一眼，只想赶快到长城的面前，

长城内外是家乡

小鹿一样已经蹦蹦跳跳跑到入口处。进去后，还走了一段不算短的山路，这才到了真正的长城脚下。

这就是长城！两个孩子望着近在眼前的长城，这样说了一句。

我说：对，这就是长城！然后，又对他们说了句：不到长城非好汉！今天，你们两个就是好汉了！

老二望了我一眼，说：就像"水浒"里的好汉一样了？两个孩子从小就听过我讲的《水浒传》。

老大指着前面的长城说：爬上去，爬到顶，才算好汉！

他说的顶，指的是烽火台。他从来没有见过。我告诉他烽火台是古时候的信息台，那时候，不像现在有电报，有电话，有手机，方便传递消息，如果有敌人来了，怎么办？就在那上面点燃烟火，下面的烽火台看见了，再点燃烟火，像接力一样，一次次地传递。这样，最下面的人看见了，就知道敌人来了，赶紧准备迎敌！

我这么一说，他们更来了兴致，一路小跑着往上面爬去。黄昏时分的长城，除了我们一家，没有别的游客，如果不是民宿的房东和售票处的人熟，景区是不会卖票让我们进来的。

越往上面走，坡度越大。我走了一半，已经气喘吁吁，走不动了。想想上一次来慕田峪爬长城，还是儿子刚上大学的时候，已经是三十年前的事了。第一次爬长城，爬的是八达岭长城，是当年到北大荒插队回北京探亲的时候，更是五十年前的事了。岁月如流，一晃儿，人就老了，而上千年的长城似乎永远不老，依然屹立在这里的群山之巅，看尽春秋演绎，看遍云卷云舒，看千古风流人物前仆后继、风流云散。

我站在那里，扶着墙垛喘息，从垛口望去，山脉起伏，如浪涛奔涌，静寂无声，却可以想象得到苍茫岁月中金戈铁马的奔突声；往上望去，长城如同一团钢青色的火焰，跳跃着，次第有序地在往上面燃烧。曾经多少英雄梦想，多少家国情怀，多少百姓生息，多少战伐杀伤，多少大人物小人物，多少时光沧桑流逝，在这里也如火焰一般燃烧不尽。不禁想起放翁的诗句：万里关河归梦想，千年王霸等棋枰。

两个小孙子已经爬到了第一座烽火台上，在向我招手，一个大声地呼喊：爷爷！快上来呀！另一个大声叫道：不到长城非好汉呀！

长城内外是家乡

我使劲儿向前走了几步,双腿灌铅一般,实在是走不动了,只好向他们摆摆手,叫道:你们爬吧!我再歇会儿!

两个孩子接着往上爬。黄昏那样短,落日匆匆,如一个大火球,很快垂落西山。暮霭随晚雾烟岚一起升起,天色一下子就变得朦胧,在若隐若现的黄昏与夜晚的交接时分,长城显得格外雄浑,犹如身披盔甲战袍的英雄或威武的壮士。满山在风中尽情摇摆的树木,像千军万马,从四面八方纷沓而至,簇拥着它,更像是簇拥着一个幽深莫测的神灵,正缓缓地向上面走去,一边走,一边带起漫山草木的万千呼响,汇聚成大自然一曲浑厚的交响,为暮色中的长城伴奏。那一刻,长城真像是活了起来。

仿佛被什么感召了似的,我禁不住往上爬去。就要到烽火台了,蒙蒙的夜色中,看见两个孩子走了下来。我问他们,爬到第几座烽火台了?他们说爬到第三座了。我问怎么不再往上爬了?他们说见我一直没上来,有些担心,赶紧下来了。

到底是年龄小,看他们劲头十足的样子,忍不住想起自己年轻的时候,不也曾经崇尚"振衣千仞冈,濯足万里流"吗?此刻却不觉有些廉颇老矣而英雄气短。但是，怎么也得往上再爬一点儿，起码要爬到第一座烽火台吧。

两个孩子，一边一个搀着我的胳膊，扶着我走上了烽火台。那里，仿佛是长城浓缩为一点的象征，站在那里，我和两个孩子，拍了张合影，作为这次爬长城的纪念，一老两少，同千年古长城有了一次隔时的对话。

我们往下走的时候，天渐渐地黑了下来。回到长城脚下时，天彻底黑透了。下弦月还没有出来，只有稀疏零落的几颗星星，点缀在夜空。长城隐没在苍茫的夜色中，仿佛从现实又走回到遥远的岁月里，沉浸在秦时明月汉时关的梦中。

走出出口，看见远处有手电筒的光在闪烁，才发现是民宿的房东两口子，站在那里等着我们。这么晚了，归路很黑，他俩怕我们出什么意外。温暖的手电光，在夜色笼罩的山坳中，那么明亮。

（作者为著名作家）

摄影：杨 东

大城小将

张依萌

长城"活"在当代中国人的生活里。也正因如此,人们常忘记它已经是一位两千五百多岁、疾病缠身的"老人"。长城项目组不是明星的经纪人,而是病人的医生、老人的守护者。长城保护没有波澜壮阔,也没有鲜花和掌声。有的只是日复一日、年复一年的耐心照顾。

一伙人十几年做一件事，不容易。2024年，是长城保护管理国家队——中国文化遗产研究院（以下简称"文研院"）长城保护工程项目管理组（以下简称"项目组"）成立的第18个年头。铁打的项目，流水的兵。组员来来往往，至少留下了十几个名字，我是其中之一。

2006年，为配合国家文物局"长城保护工程（2005—2014）"和全国长城资源调查与认定工作的实施，项目组正式成立。2017年，项目组改组为中国文化遗产研究院文物研究所下设的常设机构——长城保护研究室。2021年，研究室又升级为国家文化公园保护研究所（中国长城保护研究中心）。

长城项目已经融入我们的血液，成为生活的一部分。对我个人而言，长城项目开始是"包办婚姻"。毕业刚进文研院，我就被分到项目组，然而干的时间越长，我就越被长城的魅力吸引，竟也日久生情了。

长城项目组的工作比较琐碎，但琐碎不是长城项目的全部。长城是打仗用的，我们的工作也像是一场场的战斗。虽是科研机构，但我们自称"战队"，名副其实，这一戏称也逐渐被认可和经常提及。

长城自身的特点决定了它的保护管理涉及文史、社会、理工、法政等各个领域。而专业背景单一，是项目组的短板。项目组四个年轻人都是学历史考古出身，面对长城的大摊子，开始难免手足无措。然而，项目组里的年轻人也都是不肯服输的。不懂的事，就在工作中学习；没有的本事，就在实践中锻炼。

七年下来，我们成了全能选手：编得了指导意见，做得了执法督查，当得了评审专家，建得了信息系统，也搞得了理论研究。当年困扰我们的种种，如今都付笑谈。

我们花了五年时间，整理好来自全国16个省445个县的十几万份格式体例各异、数据杂乱抵牾的长城资源调查登记表，完成了全国明长城资源调查认定和报告编写。2012年6月，在北京居庸关长城脚下，国家文物局向全社会正式发布了长城长度的权威精确测绘数据：21196.18千米。我们参与国家社科基金重大项目"大遗址保护行动跟踪研究——长城案例"的编写，编制长城保护维修"四有"工作指导意见；我们撰写了"长城保护工程"总结评估报告，参与国家文物局《长城保护条例》专项执法督查，举办长城保护管理培训班；我们开发长城资源保护管理信息系统，建设"中国长城遗产网"和长城监测巡检系统……

2016年，我们的"长城保护工程"总结评估报告也荣获中国文化遗产研究院2016年度优秀科研成果奖。国家文物局以我们的报告为基础，发布白皮书性质的《长城保护管理报告》，获得了社会的高度认可。然而这个时候，我们无暇自满，已经在准备下一年的战斗方案了。

长城项目组经常出差。有人说我们游山玩水去了。诚然，我们足迹遍布北方15个省，三伏酷暑去了人迹罕至的戈壁沙漠，三九严寒走过最宽广的草原。我们跨过最深的谷，爬了最险的山。我们坐8个小时的车，接着开2个小时的会。我们和最权威的专家探讨学术，也和最基层的文物工作者同甘共苦。我们的确"玩"得非常开心。

长城"活"在当代中国人的生活里。也正因如此，人们常忘记它已经是一位两千五百多岁、疾病缠身的"老人"。长城项目组不是明星的经纪人，而是病人的医生、老人的守护者。长城保护没有波澜壮阔，也没有鲜花和掌声。有的只是日复一日、年复一年的耐心照顾。

长城内外是家乡

我们时常感动于社会公众的热情与行动力。然而，社会公众对长城的了解又十分欠缺。2016年9月，国家文物局长城执法督查组在翻山越岭的时候，辽宁绥中发生了所谓"最美野长城被水泥抹平"事件。督查十日，每天脑力和体力超负荷运转，大家都极度疲劳，但我们每天会在瘫倒之前的一刻跟进事件的进展。多年的调研，使我们对基层文物工作者的辛苦与委屈感同身受。我们深切地知道，基层文物干部和社会公众之间需要一座"桥梁"。就长城而言，这座"桥梁"，就是我们。

长城项目组的四个人在一个办公室相处了七年。说是年轻人，其实我们四个也都过了而立之年，为人父母了。在长城项目组，我们共同度过了人生最好的年华。我们是一个"战壕"的"战友"，却因为战线太长，聚少离多。七年的时间，我们一共只有过两次聚餐。我们已习惯于"事了拂衣去，深藏身与名"，总忙着给活动现场拍照，自己却找不到像样的工作照。2016年，在宁夏参加长城保护管理培训班时，项目组才有了第一张全家福。

如今，项目组硕果累累，影响更大了，甚至拓展了国际合作项目。2017年起，文研院与英国英格兰遗产委员会签署合作协议，共同开展中国长城和英国哈德良长城保护研究项目。2018年，我们与国内10家长城保护研究机构共同倡议成立了长城保护联盟，目前加盟的文旅机构已有40多家。我们也开始召开年会，定期发布报告。

而我，因岗位调整，已经离开了长城战队整整四年。忆起曾经和长城朝夕相处的日子，有成就和满足，也有遗憾和失落。

研究长城其实"性价比"不高，遗产规模巨大，重复劳动多，社会关注度高，但认知度低，总之做长城保护管理相关业务费神费力。尽管如此，我依然在关注着长城，并持续开展相关研究工作，希望在我的努力下，能够把环境改善一点，再改善一点。

长城保护依旧任重道远，希望有更多人能够参与进来。

（作者为中国文化遗产研究院中国世界文化遗产中心副研究员）

摄影：李少白

摄影：杨 东

那一年,我们举行了长城婚礼

——20年行走长城琐记

连 达

后来受"长城小站"的影响,我明白了个人在长城面前的渺小。号称征服过长城的人已经或正在化为历史中的尘埃,长城却仍然屹立着。它不该被我们当作征服的目标,而应是我们爱护的对象。想到众多濒临倒塌的城墙和敌楼、被遗弃甚至砸碎的碑刻、被人从城墙上抠走的文字砖,还有其他破坏长城的行为,我怎能麻木不仁?必须沉下心来为长城做事才行!

我20岁第一次独自出门旅行,来到北京。本来只是去八达岭长城打个卡,但长城的磅礴气势一下子打动了我,座座敌楼好像都在鼓励我勇敢攀登。当我来到未经修复的残长城上,如同走进历史中。沧桑破败的墙垣坚强地忍受着数百年的风霜雨雪,仿佛就为了今朝与我相逢。

这次旅行使我对长城产生了执着的迷恋。随后,我加入了以宣传保护长城为己任的公益组织"长城小站",随各位师友开阔了视野,了解到更多的长城知识。

那时箭扣长城名气大,总有人去攀爬挑战,血气方刚的我也不甘落后。在一个春节我杀奔箭扣,当时大雪弥漫,根本不见人的脚印。我不管不顾地沿长城向西走,欣赏着雪野残城苍凉壮美的景色。双手抠着窄窄的垛墙攀上了一座高峰,不久又被坍塌的断崖拦住了去路。

我不愿意走回头路,便徒手从覆盖着冰雪的断崖上倒着攀了下去。回头再看,近乎陡直的山崖和碎裂坍塌的石城墙令我倒吸一口冷气,深感后怕。这段惊险路线就是天梯和鹰飞倒仰。

那时我身体强壮,胆子大,还曾背着大包从司马台长城的单边墙上走到望京楼。只要听说哪段长城凶险，有挑战性，就一定会去体验一下，逞匹夫之勇。

后来受"长城小站"的影响，我明白了个人在长城面前的渺小。号称征服过长城的人已经或正在化为历史中的尘埃，长城却仍然屹立着。它不该被我们当作征服的目标，而应是我们爱护的对象。想到众多濒临倒塌的城墙和敌楼、被遗弃甚至砸碎的碑刻、被人从城墙上抠走的文字砖，还有其他破坏长城的行为，我怎能麻木不仁？必须沉下心来为长城做事才行！

我置办了帐篷、睡袋等户外装备，利用每年的节假日和零散时间，从辽宁境内向西接力式走长城。边走边研究和积累，开始了系统的长城探寻之路。

至今，我还记得第一次独自在敌楼里露营时的紧张和恐惧。晚上猫头鹰的叫声时断时续，深夜山风大作，林涛如万马奔腾般从四面八方袭来。狂风暴虐地撕扯着帐篷，地动山摇的感觉让我在半梦半醒中仍然充满着警惕和惶恐。

起夜时拉开帐帘的那一刻，头灯微弱的光亮随着我的头晃动。箭窗黑洞洞的窟窿好像骷髅一样直直逼视着我，令人汗毛倒竖，恐惧感经久不去。

后来走得多了，恐惧感就没了，加之每天身背露营装备、衣物、食品、饮用水、照相器材、绘画和拓印工具等数十斤的重负翻山越岭，早已精疲力竭，钻进帐篷倒头就能睡着。

我还遇到过野猪。一次我正在林中行进，突然前面的密林剧烈晃动起来。看这速度和力量，肯定是野猪群。若迎面撞上不堪设想。情急之下我三步并作两步冲上了右边一座坍塌的敌楼，蹲在半截残墙后面，手握登山杖准备拼命。一群灰黑色的野猪仿佛无坚不摧，所过之处灌木皆断，呼啸着从敌楼前冲了过去。

还有一次，我没找到合适的营地，就在林间一块略宽敞的地方硬挤着扎下了帐篷。夜里感觉帐篷在猛烈晃动。但当时实在太累，便没理会。早上拔营时发现，昨晚紧卡在帐篷周围的几棵手腕粗的树木都折断了。从践踏痕迹看，帐篷很可能挡了野猪的路，它就从帐篷和树林间冲了过去。我没被攻击，真是万幸。

我走长城力求不错过每一座敌楼，尽可能走遍每一段城墙，为此付出了大量心血和汗水。身背重装在天罗地网般的灌木丛里撕扯开路，衣裤经常被剐破，手臂和脸也屡次受伤。风餐露宿，顶风冒雨，甚至被狂风吹得几乎翻下山崖，冰雹劈头盖脸砸下来的时候依然奋勇前进。

深山中的古长城人迹罕至，道路湮灭，探访起来险象环生。如果没有墙体，只有山险拦路，就等于忽然失去了目标，迷失了方向。我不止一次在城墙尽头的山崖前不知所措，在云雾缭绕的悬崖之巅无路可走，或是望着一山之隔的敌楼陷入近乎绝望的喘息。对我而言这是一种漫长的锻造，使我拥有了超强的勇气和钢铁的意志。

我曾在零下20℃的寒夜里露营，白天吃积雪解渴，夜里抱着冻得坚硬的水瓶，只为融化一点水润一润干渴的喉咙。同时抱在怀里的还有手机、相机和摄像用的一堆电池。

某次，我和两个同伴轻装上山。结果山顶地形复杂，选择的另一条下山路更艰险难行，才下到半山腰天就全黑了，只能蹲坐在崖壁边等待天明。那是11月初，白天穿单衣爬山还行，夜里则几乎要冻死。我们不敢打瞌睡，怕睡着后一个跟头翻下悬崖。三个男人紧紧抱在一起相互取暖，在刺骨的寒风中数着星星熬到天明。

我亲见了许多对长城的掠夺和破坏。如河北东部一段长城上原本保存着大约15块碑刻，可现在丢失殆尽。我去过3次，也仅为8块碑刻留下了拓片。看着被盗后在城墙上留下的大窟窿，我无比痛心。

有些城墙上曾砌有文字砖，前些年大多被人抠回家"收藏"了。城墙被撬坍塌，满目疮痍。

一些厂矿就开在长城旁，把长城附近的山体挖得伤痕累累。矿山经常放炮，地动山摇，衰老开裂的城墙和敌楼在震动中岌岌可危，弥漫的粉尘给长城和山体披上了厚厚的灰白色。

我为长城拍摄了大量照片，沿途发现的碑刻、匾额和文字砖尽可能制作拓片。后来条件好一些了，我还买了小摄像机，拍一些视频资料。有时趁着休息空档画些速写，这都是我记录长城的方式。

我走长城的最大收获是爱情。当时，我的女朋友在众多的追求者中最终选择我，也是看中了我与众不同的勇气和对所热爱事业的执着追求。后来，我们一起走了很多次长城，在野外相互依靠的感觉不仅是情侣，更像

 长城内外是家乡

是同生死共患难的队友和搭档。

2007年10月1日,在"长城小站"40多位师友的祝福下,我们在怀柔撞道口举办了长城婚礼。

20多年来我从辽宁西部沿着明长城一直走到了黄河西岸的陕西省府谷县,明知以一己之力不可能走完长城,却仍然顽强冲锋,把青春的足迹留在了长城上。

我有两个女儿,我会带她们去长城穿越露营,看长城上风起云涌、日出日落,感受祖国山川的壮美,把我对长城的爱和坚韧的精神传递给孩子。

我把多年来寻访长城积累和整理的资料与心得结集成书,除了讲解长城的历史和知识外,还纠正了许多流传已久的关于长城的错误认知和讹传,更是为几十座有代表性的敌楼画了详细的剖析图。长城不是千篇一律、千楼一面的,我眼中的长城,便是不一样的长城。

（作者为古建画家）

长城，家国情怀半世缘

蒋 力

我们都知道血肉之躯与花岗岩石孰软孰硬，我们更知道，砖石筑成的长城固然坚硬，人民的长城更是无敌。当《义勇军进行曲》成为一个大国的国歌时，当我们的陆海空军以自己的防御力量形成真正的"钢铁长城"时，长城，才获得了它的新生。无论自豪还是骄傲，都是指民族精神而言的，没有国盛民强的时代，长城就是一线长长的泪痕。

两个小学生，陪着外地来京的亲戚，从当年西直门火车站乘车去八达岭长城……这是我们兄弟俩五十多年前的旧事了。若不是沾亲戚的光，我的长城之旅还不知从何时开始呢。

中学生时，每年都要有一次下乡劳动锻炼，又称"拉练"，就是拉出去锻炼的意思。某年的拉练下乡，去了怀柔一处叫"渤海所"的地方。"所"即村，"所"这名字就带着历史的印记。村外有山，山上有已不连贯的残长城。某日，同学们不出工，全体登山，登到了长城残垣旁，听地理课的吴东郊老师给我们讲渤海所与残长城的历史。听罢，老师允许我们爬上去走走，获得一点脚踏实地的感受。那时，我们学会一句话，叫"不到长城非好汉"。

偷学抽烟，是高中毕业在家待业时的事。那时，市面上销售的香烟，有一种叫"八达岭"牌的，大众消费档次，一盒两毛八九。其上是"香山"，更高级的是"北京"。那时，在我们概念中，长城就是八达岭，八达岭就是长城。

大学时，暑假出京，二十多个同学骑车远行，到了北戴河，自然要去秦皇岛和山海关，到老龙头那里走走看看。长城的最东端，算是眼见了。

长城内外是家乡

毕业工作后的最初两年，都有暑假，我有一趟西北行，一趟东北行。西北行这次，五个同学搭伴，爬过华山后，在西安兵分两路，我偕女友去了西北，其中一站是嘉峪关。那时照片几乎都是黑白的，有人送我一个彩色胶卷，在嘉峪关和敦煌等地拍完。回来一看，彩色照片似乎还不如黑白照片呈现的效果好。

后来，我去过重新修过的居庸关长城，去过古北口长城，去过黄花城长城，听说附近最险峻、景色也最美的长城段叫"箭扣"，我却没敢去。老龙头折返的那段长城，我当时已到附近，也没有登临的勇气和脚力了。最有意思的是，为写这篇小文，我翻出许多以长城为背景的照片，其中一幅，我已认不出是哪一段长城了。

"爱我中华 修我长城"的活动，我关注过。记得当时看到的报道，说是哪段残长城的城砖，都被当地百姓搬回家砌猪圈了。在住房紧张的年代，我家也自建过小平房，我们为此还到处去捡砖头，最远去到了京西的水泥制品厂，那里的青砖比我们常见的红砖结实。我扪心自问：如果有城砖可捡，我们哥俩会不会去捡？会不会捡回来盖起自家的房？更有意义的是，这个活动开展之后，触动了很多百姓，他们纷纷把搬到自家的城砖送回来了。

我大半生的工作都与文化有关，接触、了解了许多长城题材的文艺作品。比如好友杨延文先生的水墨画，有一幅题曰"喜峰口"，看到这幅画后，我就写了评论文章。又如潘子农作词、刘雪庵作曲、周小燕演唱的歌曲《长城谣》，阎肃作词、孟庆云作曲的歌曲《长城长》，刘文金作曲的二胡协奏曲《长城随想》，都带着强烈的时代印记。

《长城谣》唱的是"长城外面是故乡"，期待"新的长城万里长"。时隔多年后，周先生又在长城上拍了她唱这首歌的MTV。《长城长》唱的是"长城两边是故乡，你要问长城在哪里？就看那一身身绿军装"。《长城随想》则是作曲家去美国访问时，在联合国大厅见到中国赠送的长城壁毯后有感而作。这个作品共四个乐章，分别为"关山行""烽火操""忠魂祭""遥望篇"长城，在作曲家笔下，化作了一部音乐的长城史。1982年首演《长城随想》的是二胡演奏名家闵惠芬大师，她去世后，许多后辈二胡演奏家都拉过这个作品，我印象最深的是在澳门国际音乐节上宋飞的演奏。

长城内外是家乡

四十年前,西北行归来,我写过一篇以长城为题的小文,那年我26岁。重读旧作,我认定现在已写不出这样的文字了,不妨把它抄在下面,请读者审鉴吧。

我对长城的认识究竟起于何时,现在已经记不清了。儿时,从父亲案头的教科书上读到孟姜女的故事,隐隐约约知道了修长城的目的。第一次登长城时,我一口气爬到八达岭一端最高的烽火台,面对莽莽群山,大口呼吸,大声呼喊。而后,屡攀长城,漫步关山,渐渐懂得了一些长城的过去,目睹了长城的现在,同时也不由自主地想到了长城的未来。

长城的出现,是和抵御外来者的侵略分不开的,可以想象,在远古的年代,在那冷兵器尚不发达的时代,横亘于高山之巅的绵绵长城具有多么强的抗衡能力。重兵把守,烽火传信,的确曾是一种煌煌大观。

然而,巍巍长城,果真永远葆有坚固的防御力量吗?闭关,可以锁国护国,但它锁住的恰恰只是国人自己。对外寇,则促使其找寻新的入侵途径。距山海关不远的临海之处,是长城重要地段的东部起点,那里,曾有一段别样的景致:名为"老龙头"的石墙隐隐伸入海中,犹如一条拨风鼓浪的巨龙。但在八国联军的铁蹄践踏下，这景致已不复存在了。如今，残留下来的花岗岩石，断断续续、若隐若现地泡在海里，每一块石头上都镂刻着一段耻辱，铭记着一番教训，海风吹来，溅起一片片发人联想的浪花。

就在那中华民族苦难深重的年月里，诞生了而今已成为国歌的《义勇军进行曲》："把我们的血肉筑成我们新的长城！"

我们都知道血肉之躯与花岗岩石孰软孰硬，我们更知道，砖石筑成的长城固然坚硬，人民的长城更是无敌。当《义勇军进行曲》成为一个大国的国歌时，当我们的陆海空军以自己的防御力量形成真正的"钢铁长城"时，长城，才获得了它的新生。无论自豪还是骄傲，都是指民族精神而言的，没有国盛民强的时代，长城就是一线长长的泪痕。

在嘉峪关，我实在难以抑制怀古的思绪，是驼铃声将我拉回到现实。遥望远方，祁连山的雪峰，就像是天边不断延伸的长城。那一刻，我心里涌出这个题目：长城，召唤着新的主题！

（作者为原中央歌剧院研究员）

摄影：李少白

摄影：杨 东

40年前,我为修长城捐了500元

许光仲 口述 张小英 整理

1984年7月5日,《北京晚报》与八达岭特区办事处联合发起"爱我中华 修我长城"社会赞助活动。我在报纸上看到这条消息后,捐了500元,那是全家省吃俭用攒了近一年的积蓄。时隔40年,想起当年往事,我依旧心潮澎湃。

当年,国家经济困难,我只是为修长城做了力所能及的事情。后来,我再去爬长城时,看到很多地方都被修缮过,打心里高兴和骄傲。

我作为一个1941年出生的人,经历了时代的巨大变革,见证了长城命运的变化。我相信,"万里长城永不倒,千里黄河水滔滔"。

40年前，我为修长城捐了500元

1984年7月5日，《北京晚报》与八达岭特区办事处联合发起"爱我中华 修我长城"社会赞助活动。我在报纸上看到这条消息后，捐了500元，那是全家省吃俭用攒了近一年的积蓄。时隔40年，想起当年往事，我依旧心潮澎湃。

捐出全家积攒一年的钱

我是湖北省十堰市房县人，曾在房县工业局担任办公室的负责人。20世纪80年代初，我经常因公去北京出差，爬过几次八达岭长城。那时候的八达岭长城和现在的截然不同，只有一小段被修缮过，大部分都破破烂烂的。作为中国人，我看到这一幕很心痛，但自己也没有什么办法。

1984年7月5日，《北京晚报》与八达岭特区办事处联合发起"爱我中华 修我长城"社会赞助活动。我在报纸上看到这条消息后，很激动，终于有机会为长城做点事情了。于是，我和父母商量，捐500元用来修长城。

父母听了我的建议，半天没有回话。那一年，我43岁，全家老小靠我一个月50元的工资生活。家人都省吃俭用，一年下来好不容易攒了500

元，准备修家里的土坯房。因为老房子年久失修，经常是外面下大雨、里面下小雨，墙已经东倒西歪了。但当时是国家的困难时期，修长城是国家的大事，修房子是自家的小事。

我对父母说："长城是我们中国人的骄傲。美国总统尼克松、日本首相田中角荣，这些外国元首来中国访问，都点名要登长城。我们怎么忍心看它破破烂烂呢？"父母考虑了很长时间，最后还是同意了。父亲对我说："你说得对，国家的事是大事。家里的房子，以后再修吧。"

媒体为我寻找回信

做完父母的工作，我按照报纸上的地址，通过邮局汇款 500 元到北京。可是，等了两个多月，也没有收到捐款收据和任何回信。我心想，难道是被骗了？那对我来说可是巨大的损失。我想打听打听，但在北京无亲无故，不知道问谁。

无奈之下，我联想到媒体有舆论监督的作用，灵机一动，给当时的中央电视台主持人赵忠祥写了一封信，请他帮忙核实一下，并随信附上自己的汇款单。赵忠祥能否看到这封信,我没有多想,只想着碰碰运气。

始料未及的是,一周后,我果然收到"爱我中华 修我长城"社会赞助活动委员会寄来的一封回信。工作人员在信中道歉说,由于捐款的人太多,把我的地址搞错了,信寄到北京房山县(今房山区)了。结果,房山县一看没有这个人,又把信给退了回去。

收到这封迟来的回信,我很感激赵忠祥。虽然我和他非亲非故,不知道他是否亲自去了一趟捐款办公室。如果不是他,我可能永远也收不到这封回信,更不会在多年以后派上用场。

办深圳边防证帮了忙

那是1988年,我想去深圳考察。但由于当时关税、边防等种种问题,外来的人要想进特区,必须持有边防证。

于是,我专程到湖北省襄樊市公安局去开边防证。谁料,公安局的民警担心我有跑到香港的动机,拒绝给我开边防证。我百口莫辩又不甘心,就跑到襄樊市委办公室去"告状"。我特意把当年给长城捐款的回信找出来,

 长城内外是家乡

拿着它,找到时任襄樊市委办公室主任的刘厚德说:"几年前,我为了响应'爱我中华—修我长城'社会赞助活动,一下子捐了500块钱。我并不富裕,捐钱是因为我爱长城,也爱我们的国家。"

回信并非正式文件,但刘厚德主任显然感受到它背后的分量。他握着我的手说:"你放心,我给你做担保。"接着,他拿出纸和笔,亲自给市公安局写了一封信,说明我的情况。就这样,我才拿到边防证,第一次进入深圳特区。

这么多年,我始终对他心怀感激,记得他的名字,也对自己的善举得到认可而感到欣慰。唯一遗憾的是,给长城捐款的回信,后来留在了襄樊市公安局,从此我再也没有任何凭证。随着岁月流逝,我的记忆也变得模糊。直到2020年,这份记忆又被重新唤醒。

收到长城"好汉证书"

2020年,我已经是79岁的老人了,平时很少上网。有一天,一位朋友打电话告诉我:"许老,网上正在找您呢,您快打开电脑看看!"于是,我按照朋友给的线索在网上搜索,果然发现一条新闻——八达岭长城广发

40年前，我为修长城捐了500元

"好汉"帖，寻找36年前的"爱我中华　修我长城"社会赞助活动的捐赠者。

这条新闻写道："在'爱我中华　修我长城'题词36周年纪念活动期间，以下名单人士均可免费登长城，并赠予这些人士'长城好汉'的证书，向他们当年的捐赠行为致敬。"这份名单，是当年活动第一批刻碑个人名单，包括全国各地280多个捐赠者。其中有5个湖北省的，我的名字赫然在列。

看到这一幕，我非常感动，通过网上的联系方式，联系到了工作人员。他们给我寄了一封感谢信和一张好汉证书。拿到这张证书时，我落泪了。说实话，过了这么多年，我几乎忘了给长城捐款这件事，但我的名字一直没有被忘记。

当年，国家经济困难，我只是为修长城做了力所能及的事情。后来，我再去爬长城时，看到很多地方都被修缮过，打心里高兴和骄傲。

我作为一个1941年出生的人，经历了时代的巨大变革，见证了长城命运的变化。我相信，"万里长城永不倒，千里黄河水滔滔"。

（作者退休前为科技工作者）

四十年前，一封长城求救信发出……

王长青

    这条十万里的长城就像一条巨龙腾空而起，屹立东方，成为世界奇迹。万里群山、黄河沙滩、茫茫草原、山环水绕，一路走来。在那翠绿的松柏，红红的枸杞，茂密的黄杨、五角枫、火炬、野栾、山楂、山杏、山桃等树种，百合、苍术、黄芪、串地龙等药植物衬托下，更显出它特有的中华民族的颜色。

四十年前，一封长城求救信发出……

初识边墙为长城

我出生在长城边，从小在长城上玩耍，记忆中，老一辈人不叫它长城，叫它"边墙"。记得小时候有一次和父亲去后山打柴，回来时在墙门洞里休息，我看着厚厚的城砖和雕花的大理石券门，好奇地问父亲：老辈人在大山上修这么长的"边墙"干啥？父亲一边抽烟一边说，就和咱家院墙一样，为了防止贼进院偷东西。这才哪儿到哪儿呀，中国的"边墙"有一万多里地呢。

1982年冬天，我在乡里上班。一天，香港九龙商务印书馆的两位朋友找到我，说要去拍长城。我问他们，啥是长城？九龙商务印书馆馆长陈万雄先生说，就是你们后山那一面墙，学名为长城。从那天起我才知道，村人叫了几辈子的"边墙"原来是长城。我陪着他们沿着蟠龙山一直走到金山岭，边走边拍，太阳落山后才回到乡里。

信寄《北京日报》郊区版

20世纪80年代初，我在乡里当编播员，要去各大队采访。一次，看到很多生产队社员家里的猪圈、院墙都是用长城砖垒的，还有二里沟营房也全部是长城砖砌的。再往后山看，一段长城被拆得乱七八糟，蟠龙山长城两侧城砖全被拆了，只剩下黄土夹心。铁门关五眼楼、河西双楼子（姊妹楼）也遭到不同程度的人为破坏，再也见不到原来那种高大雄伟的城体了。

听父亲说过，古北口城墙最早被拆发生在被日军占领后。1936年5月，古北口日商大林组公司承修日军营房，需用砖料甚多，将镇内北山顶的长城拆毁。至6月，拆毁长城的行为不止于发生在古北口，日军工兵队在冷口、喜峰口、马兰峪等处，均拆除了长城砖石，一部分用于筑造营房围墙，其余城砖堆积各口附近，准备用来构筑堡垒。据曾往长城线视察的某外报记者说，在古北口，日军所拟兴建之堡垒，达二十余处，有些长城砖还被运回了日本。古北口百姓看着日本人拆毁长城，当真是敢怒不敢言。

1984年3月，我把所见所闻写了一封信，标题为"救救古北口长城吧"，寄给了《北京日报》郊区版。当时的郊区版主编孙炳友把我的信转给了日报总编辑，之后以内参形式报送北京市委、市政府和中央有关单位。

两个多月后,《北京晚报》发起了"爱我中华,修我长城"的公益活动,时任晚报总编辑的顾行把我请到报社参加了启动仪式,还送了我一台高倍望远镜。回来后,我把望远镜送给了古北口文化站,好多人都通过这台望远镜看卧虎山长城,每块砖石都能看得清清楚楚。随后,密云县成立了修复古北口长城指挥部,并制订了修复方案。

结识长城徒步考察者

1984年深秋的一天,政府机关下班了,我和两位值班同事正准备去食堂时,看见从大门进来三个小伙子,穿着工服,戴着帽子,胡子拉碴,脸黢黑,进院就要找领导。我问,什么事?一位高个儿青年说,他叫董耀会,他们哥仨自费考察明长城,从山海关出发已走了几个月,到古北口想请当地政府盖个章,证明他们已经走完了古北口长城。我很惊讶,因为就在一周前,我看到《中国青年报》报道过董耀会等三名青年徒步考察长城的事迹,非常感动,而今天,他们仨就站在我面前。

我赶紧去食堂给他们买饭,然后跑到办公室给他们盖上公章。我还想为他们多做点事，于是拿出自己的 5 斤粮票，去县城换成全国通用粮票，回到古北口小旅馆递到董耀会手上，表达我的一点心意。从那一天开始，我更坚定了保护长城的志愿。

制定长城保护办法

保护长城光靠一个人或几个人的力量是不够的，应该发动大家的力量。1996 年，我重回文化站上班，对长城和古北口文物做了全面调查和走访。2002 年，我征得政府相关主管部门的同意，起草了一份《古北口镇长城保护办法》（以下简称《办法》），其中条款包括：以村为单位划段保护；对拆毁、乱刻乱划行为的惩罚措施；严禁在长城上放牧；中小学生回家后向家长宣传保护长城的意义；等等。

《办法》出台后，密云文保所把《办法》推广到各乡镇。后来，《长城保护条例》制定时还有工作人员专门来到古北口调研，在司马台长城上向我征求意见。

那些年，没有经费雇用长城保护员，我就想了一个办法，让全镇护林员兼职长城保护员。全镇 38 名护林员既保护山场林地，又多了保护长城的责任。

写下一百万字长城文稿

为保护长城，我受过累也流过泪。2004 年，我们准备修复古北口老城及周边文物，领导来现场看完后提出三点意见：一是请专家来认证城门级别；二是把 1933 年日本为过大货车将北门地基炮轰下一米多深的坑填起来；三是找专业机构设计图纸。长城专家罗哲文来考察后指出，这个城门基础的级别和居庸关相似，但是基础上还有秦砖，到底是秦朝就有城门，还是明朝修古北口长城时用了秦朝的砖？这个问题需要专业人员鉴定。为这个项目，我到处跑了几十趟，历时十年，确认是明朝修古北口长城使用秦砖后，才开始修复。

为长城，我流过两次泪。一次是委屈的泪，记得当时申报项目需要规划设计图，因为没有经费，只能先找朋友帮忙，我去设计院拿图纸的时候刚好碰到所长，所长见到我说，没有预算就别来了！我当时就委屈得流下眼泪。另一次是喜悦的泪，古北口老城保护项目申报了四次，历经三年，终于获批。听到这个消息，我流下了激动的眼泪。

四十年里，我走遍了古北口地区的每一个村庄和每一处古迹，搜集整理了数百万字的资料，写了一百万字的长城文稿，与同事合写了《密云长城文化读本》《长城下的民俗故事》《长城放歌》等关于长城的书籍。2007年，我被评为全国优秀长城保护员，获得全国文物保护特别奖。2013年，我患脑梗后行动不便，但出院后第一件事就是去长城，让家人搀扶着我去看看古北口北门和姊妹楼的修复进度。如今，我还在为家乡的学校师生宣讲长城文化，用视频记录长城和长城脚下的故事。

长城已经深深地融入我的血脉之中，我愿意用一生的心血和精力去守护她！

长城有颜色

立秋那天，坐公交车回趟老家。车开到下弯子时，小孙女琦琦扒着玻璃窗喊我："爷爷我看到老家长城了。"一手拽着我，一手指着长城说："您看山上那道黄黄的墙就是长城。"我说："你很聪明，都看出长城是什么颜色了。"

在回城的路上，我一直在想，什么才是长城的颜色，是青蓝，是斑黄，是深绿，还是殷红，说不好，也说不准。

回到家后，我找出关于长城的书籍，一页一页地翻看，拿起笔在书中一道一道地画线。原来，长城砖烧出来是青的，和燕山的岩石大多一样，也是青的。用青砖修在青石上边，浑然一体，就形成了坚韧的边境线，它像一部"青史"。经过几百年和上千年岁月的打磨，长城变了容颜，好似父亲一样在淡黄色的面孔上露出微笑。

我想象着当年土地在没修长城之前应该是黄色，或有黑色、红色，还有白茫茫的沙漠。那时候的燕山山脉是绿色的，水是蓝色的，黄河流域是黄色的。植被很好，树木朗林，万鸟齐鸣，百兽成群，是一幅上好的生态画卷。自从春秋时期修筑烽火台，战国时修建列城，到公元前770年周平王开始修建中国第一道楚长城，秦始皇连接了六国城墙，再到明朝大修万里长城，这是几千年积淀的十万里长城，环境有了改变。

长城内外是家乡

在《罗哲文与万里长城》一书里，我看到了长城是我国古代各族劳动人民的智慧和才华的一座丰碑，对防御、社会秩序、民族团结都起到积极作用。但是，这么庞大的工程，也是耗时间、耗人力、耗物力的。特别是在修建过程中一物"站起来"，就得有万物"倒下去"，势必给生态环境造成极大破坏。

明史资料上记载着，当时是采取"三近"：近黄土源，可以就地取土制坯；近水源，可以就近取水；近燃料，可以就地取材作为烧窑的燃料。烧制一千块砖的窑，一次需要约3000公斤干柴。而烧一窑砖需要160天。这让我想起当年在司马台村下乡时，走到每条山沟里都能见有明长城砖窑遗址。在汤河村北有两个小自然村就以烧砖、烧灰而得名，一个叫砖垛子，另一个叫大灰窑。现在司马台村、河西村、古北口二寨村、西沟林场里还保存着多处明朝烧砖砖窑和石灰窑址。

在中国长城研究文献中有这样一段记录：在砖窑的生产过程中，装窑和烧窑是决定成量的至关重要的工艺流程。这个过程不仅涉及如何将待烧的半成品妥善安置到砖窑里，还包括合理利用炭火将其烧制为最终的成品，其中包含了诸多技巧和奥妙。烧窑所需的燃料主要是木柴,因为烧制一窑砖需要大量的热量来确保砖坯能够被充分烧结。这种烧制方法不仅需要大量的木柴,而且还要求对火势进行精心控制,以确保砖的质量。因此,几千斤木柴是烧制一窑砖的必要条件,以确保砖的质量和烧制过程的成功。

我查了一下资料,建造一米长城大约需要 6000 块包墙砖。因此,每一米的建造都需要大量的砖块来确保结构的稳定。这个数值不仅包括直接铺设的砖块,还可能包括用于加固和支撑的砖块。每一块砖在长城的建造中都发挥着重要的作用。就按这个方法计算,蓟镇长城 1200 多里就得用去多少砖?而数万个烧灰窑,需要耗费多少干柴?当时长城两边的树木几乎全部被砍伐一空。绿油油的森林变成光秃秃的大山。没有树木,没有鸟鸣,没有动物栖息地,只剩一条青黄色的长城戳在山脊上,是多么凄凉。

说到长城的颜色,经常爬长城的一些驴友信誓旦旦对我说,长城就是黄色。我和他们说,那是由地域的结构形成的。像黄河流域,黄土高原,它的本色就是黄色的,因为这是民族的底色。

我记得,2016 年春天,宁夏固原市一家企业老板邀请我和两位老总去他那考察。老板姓刘，非常年轻，戴一副眼镜，未曾说话总是笑呵呵的。因为我喜欢长城，见面后我问刘总，你们这里有长城吗？刘总用右手推了推眼镜说，我们宁夏长城很长，大概有1500多公里，现在可见的墙体也有500公里，关堡也不下20多座。这里的长城不是你们那包砖的那种，我们这边是黄河流域，全是用土堆起来的。我2015年承包了2000多荒地就在黄铎堡古城里。

黄铎堡古城在固原市原州区镇西南黄铎堡村，村子因堡而得名。刘总说，今天好好休息，明天吃过早饭我带你们去看看。

我有个习惯，不管到哪，天不亮就起床出去遛弯。当我走到固原古城遗址，站在修的瓮城城墙上往外看，那远处的贺兰山云雾飘绕，那关外的黄杨树，给大地盖了一层绿色薄纱，树根下穿着五颜六色服饰的大姑娘、小媳妇、老大妈头戴白丝巾，跳着她们喜欢的《好日子》舞蹈，好美的一幅西部画卷。

回到宾馆，我简单吃了早餐，司机已在门口等候。我们坐车二十几分钟到达黄铎堡。进了新修的堡门，眼前一片荒野，只有一道土长城像五线谱一样屹立在荒土之上。我们沿着长城边上走，外面是一条一人多深的大沟，当地人叫它护城河。在这条用黄土和沙土混合而成的长城上，刘总说，老辈人就是牛，据说修长城时，土要过筛子筛，然后用火炒，炒到一千度后才能掺沙土，两边打上围桩，再用来叠长城。二十公分就得人工大夯一遍。刘总感叹地说，修长城需要的土太多了，所以长城两边坑坑洼洼，没有土了，竟是沙石，树都养不活。

我问刘总接手这 2000 亩荒地后干啥用，刘总爽快地回答，当然是种枸杞，一来改良土壤，二来枸杞可以做饮料，枸杞叶可以制茶。我说，这样好，既绿化了城堡又为长城增添了的底色，长城是黄色，枸杞长出来是绿色，结果后是红色，映衬着长城更加漂亮和美丽。刘总说，这幅图画我正在让北京科研团队帮着在做，过两天就送过来了。我想在这座古城堡里科技 + 原生态 + 产业发展这个梦不久会变成现实。

说起长城的颜色，其实绿色长城是我一直在寻找的答案。

2016 年夏天，我到山西参观、学习长城保护经验。当第一站走进右玉县杀虎口关城时，太阳正在泛出微微的黄光。按说太阳发出这样的光彩应该是晚上或早晨，可那天是中午。把长城照得像金子一样又黄又亮，好像是老天特意为我们安排的。我们沿着古长城往东走，在不远处看见一个古堡，在城堡北墙根，一位白发苍苍的大娘坐在家门口的大树下，仰望前方古城堡的东门。院后是城墙，院前是戏楼，我拿出手机把画面拍出来，还给标注了《古堡守望》。我走上前去，试探地问老人，杀虎口这地方长城两边有绿树吗？大娘看看我不像坏人，用当地语言说："好着嘛，长城两头都栽上树了嘛。"老人说，这地方早先叫杀胡口，是杀胡人的关口。

回到县城后，我查找资料，这里是山西和内蒙古交界线，属沙漠地带，风沙大时能把房子整个吞噬。新中国成立后，第一任县委书记提出了植树治沙运动，从书记做起，每人每年植十棵树。70多年换了十多位县委书记，一直坚持带领乡亲们在寸草不生的沙漠上种树，绿植达到63%。栽植的沙杨、黄杨等树种在曾经银白色的沙滩上，已绿树成荫、郁郁葱葱。长城不再是一道墙，而是一个由黄色、绿色组合的屏障。我想起前两年看中央电视台播出的电视连续剧《右玉和他的县委书记》，深受感动。在右玉县博物馆纪念碑旁，我停下脚步，看着碑上刻着国家领导人题词"久久为功"

几个大字，更加使我认识了它的含义。

绿色长城的行动实施，其实很早就启动了。

在《四镇三关志》中就有记载：明朝士兵"沿边墙内外，虏马可通处，俱发本路主、客军兵种种植榆、柳、桃、杏，以固边险"。长城两边种树固险，客观起到了绿化作用。当时朝廷已认识到修长城破坏环境的严重性，比如水土流失、禽兽无藏身之地、鸟类无栖息之处、子民无柴充灶等一系列问题，才要求将卒和民众上山植树。

1989年，我在编写《古北口乡志》的时候，了解到这样一件事。在清朝末年，古北口有个民间组织叫"疙瘩会"，苗万田等三十几人组织并倡议，保护山上的树木。当时，老百姓没地方打柴做饭，所以有些人到古北口长城边去刨树根，造成树木"断子绝孙"。成立"疙瘩会"后，既保护柴根不被人乱砍乱刨，水土不再流失，又保护长城的绿色。"疙瘩会"成员除上山巡查，还检查每户柴堆草垛，一经发现有柴树疙瘩，就让当事人当众检讨，写保证书，甚至送到警察局。因为看管严、处罚力度大，古北口一带的林木资源得到了有效的保护。这段感人故事后来被我写进了《古北口

 长城内外是家乡

乡志》。

要说绿色长城，我有亲身经历。1974年夏天，我当时任生产队副队长，兼民兵排长。有一天，我接到一个任务，是到卧虎山长城脚下植树。我带领30多名民兵，扛上铣镐、背上树苗、沿着山路到长城根。土厚的地方栽松树，土薄的地方栽柏树。雨季造林是成活率高季节，所以我提出口号是："大干三十天，绿化卧虎山，长城不绿不下山。"第一天植树我就被草丛里的马蜂蜇的鼻青脸肿，眼睛肿得啥也看不清了，在几个民兵搀扶下回的家，到家后脸敷上一层黄酱，第二天消肿后继续上山栽树。累了，就让大家到长城楼里歇一歇。长城上石磳里的雨水，和长在长城边上的欧李都成了我们的心爱之物。连续一个月下来我们在长城旁栽了三千多棵树，还给它起了个好听的名字"青年民兵长城绿化带"。

多少年来，为了给长城增添颜色，林业部门要求有土造林，没土爆破也要造林。就说司马台长城是青石岩和灰石岩山体，满山都是岩石，寸草不长。林业人连续十年采用爆破挖坑，从山下取土栽植松柏、红枫、山杏、火炬等树种，给长城增添了五彩斑斓的美色，这才是真正的生态颜色。

其实，长城还有一种颜色，那就是红色。这种底色是中国人民与中国军人用生命和鲜血染成的。1933年那场震惊世界的长城抗战，特别是在古北口长城上。当敌人把长城炸开豁口时，是中国军人用身体堵住了长城的缺口，阻止了日军的进攻，谱写了一首气壮山河的《义勇军进行曲》，用我们的血肉，筑起我们新的长城。激战染红了万里长城。如今，"国歌长城"教育着千千万万的青少年前进，前进，永远前进。

在我追问长城到底是什么颜色时，应用软件上跳出了许多答案。

青色长城，有人说是劳民伤财，但它的底色起到了规范民族秩序、促进了民族融合的作用。

黄色长城，直观生动地展现黄河文化与世界灌溉工程遗产、丝路文化与石窟文化的"宁夏的敦煌"。

黑色长城，在敌情出现时，烽火台上的狼烟四起，绵延万里，信号传递，打了无数次的有准备之战。

红色长城，是战火纷飞的年代，无数英雄壮士抛头颅洒热血，为了我们今天的幸福而染成。

长城内外是家乡

绿色长城,是几十代人艰苦努力,用一棵又棵小树苗植入大地、山川、沙漠,逐渐形成的一条绿色生态防护线。

这条十万里的长城就像一条巨龙腾空而起,屹立东方,成为世界奇迹。万里群山、黄河沙滩、茫茫草原、山环水绕,一路走来。在那翠绿的松柏,红红的枸杞,茂密的黄杨、五角枫、火炬、野栾、山楂、山杏、山桃等树种,百合、苍术、黄芪、串地龙等药植物衬托下,更显出它特有的中华民族的颜色。

当我又一次登上长城那一刻,眼前一群山鸡摇摆着红红的羽毛腾空起舞,白嘴雀站在长城上叽叽喳喳地唱着歌,松鼠翘着尾巴仰着头迎接着客人,就连野猪也排着长队大摇大摆地穿过人群。是啊,长城生态环境的改变,给动物的生存带来了安全感。

我站在长城上,一轮红日喷薄而出,太阳闪耀着万丈光芒,把长城照得金黄金黄的,像是一条金项链,挂在祖国的"脖颈"上,又像父亲一样慈祥地守护着他的儿女。

晚霞中,我从长城下山那一刻,一眼望去,各种颜色拥抱着长城,柔

四十年前，一封长城求救信发出……

柔的，暖暖的，我终于明白了，这就是长城该有的本色。

（作者曾任密云古北口镇镇长助理、旅游办主任）

摄影：李少白

摄影:杨 东

我见证了明长城东端起点修复

于绍纲

我讲完虎山长城的考察、论定和修复，学友赞叹不已。我说，如果不是在 20 世纪 90 年代初做了这件事，明长城东端起点虎山段的命运，还不知道是什么样子。

车窗外，流经虎山长城的鸭绿江水平缓而清澈，诉说着虎山长城的新生，流向黄海，奔向远方。

学友自广州回辽宁探亲，专程来丹东一游。他说，念书时课本上写中国长城"东起山海关，西至嘉峪关"，现在改为"东起鸭绿江边"了。这东端起点的长城，我想去看看。

第二天，我们由丹东市区出发，走辽宁滨海公路。这条公路是沿着辽东半岛黄海之滨修建的，东北端的起点就在鸭绿江边的虎山长城附近。从丹东火车站算起行程15公里，渐入视野的就是形似天成虎耳的虎山，山上长城蜿蜒。

走进雄伟的虎山长城城门，我陪学友拾级而上。学友年逾八旬，腿脚不太灵便，但兴致勃勃，在长城上步步登高，举目环顾。鸭绿江自北向南如一条白色的缎带流经虎山南麓和长城脚下，江对岸的山峦、村庄、田野一览无余，那里是邻邦朝鲜。

返程车上，学友问我，虎山长城从濒于湮没到重新屹立，怎么修复的？当年你在丹东文化局工作过，一定知道吧。我说，那是40年前的事了。

1984年3月，我到丹东市文化局任副局长。6月，参与主持了丹东和本溪两市召开的"辽宁本溪丹东地区考古讨论会"。考古界人士早知明史

长城内外是家乡

对万里长城东端有"东起鸭绿江边"的记载。可是现实的鸭绿江边虎山长城段，几百年来由于自然剥蚀和人为损坏，地面上的主体形象多已残缺不堪。1980年以来，丹东市文物部门陆续发现明长城东端的遗址遗迹，这次会上大家对明长城东端起点究竟在鸭绿江边什么位置、怎样走向，有特别的关注和探讨。

当年7月，《北京晚报》等单位发起"爱我中华　修我长城"社会赞助活动。辽宁省于1986年4月召开"爱我中华　修我长城"会议，到绥中九门口长城修复工地现场，倡导修复辽东长城。时任副省长林声带头，约百名与会人员每人从山下扛砖到山上工地。我随时任丹东市副市长张忠参加了这次会议。现今，每当从电视上看到九门口长城的图像时，心里就想，那段长城还有我扛上去的砖呢。

这次会后，丹东市开展了对明长城东端起点虎山段的一系列修复行动。1988年，丹东市文化局根据已有资料，向市政府呈送了修复虎山一带长城的请示，邀请辽宁省文物部门领导和专家到丹东虎山实地考察。1990年10月在山海关首届中国长城学术讨论会上，辽宁文物专家提出：明万里长城东端起点在辽宁丹东鸭绿江畔的虎山。

为了证实这一研究论点，经国家文物局批准，辽宁和丹东联合考古队对虎山长城遗址进行了考古发掘，实地勘察到明代长城墙台、烽火台等遗址，获得了铁器、瓷器等文物的第一手材料。

1990年12月，丹东市政府邀请国家文物局古建筑专家组组长罗哲文领衔的一众文物专家来丹东，召开"明长城东端起点论证会"。与会专家到虎山现场考察，分析研究长城遗址、出土文物和调查发掘报告，经充分论证后确认："现有考古发掘材料证明，明代万里长城东端起点在辽宁省丹东市宽甸满族自治县虎山乡鸭绿江畔的虎山地段。明长城东端起点的具体地段、位置、走向的认定，是我国长城考古的一项重大发现和收获，廓清了曾经流传的明长城'东起山海关'的提法，恢复了历史的真实情况。"

1991年10月，丹东市邀请长城修复设计专家朱希元率设计人员到虎山长城遗址现场。我去看望朱先生和几位设计人员时，他们住在当地农民家里。经过两个月的观测、研究，虎山长城修复设计方案初稿于1992年初完成。2月，我和几位干部前往北京，到罗哲文、郑孝燮、朱希元、于倬云等先生家里，邀请他们参加"明长城东端起点丹东虎山段修复设计论证会"。一行十几人乘火车浩浩荡荡来到丹东。

这次论证会认为："虎山长城修复后，会使残破不堪、濒于湮灭的明长城东端起点有了标志。""虎山长城修复设计是科学可行的，现有的修复设计完善后即可向上级有关部门申报审批。"

1992年6月26日，国家文物局同意修复方案。虎山长城修复所需资金，由丹东市政府划拨，有关部门、单位赞助，社会各界民众捐款。市委、市政府将修复工程交虎山长城所在地宽甸满族自治县组织实施，于1992年9月至1993年8月修复长城墙体230米，后再续修总长达670米。至今，明长城东端起点虎山段修复1200米，成为国家级的鸭绿江风景名胜区的核心——虎山景区，也是全国重点文物保护单位、长城国家文化公园重点建设区段。

国家对虎山长城的认定表述，我一直关注着。2009年4月19日《人民日报》报道，国家文物局和国家测绘局于4月18日发布全国长城资源调查第一阶段的明长城调查结果，"最新数据显示，明长城东起辽宁虎山

（东经 124°30′56.76″，北纬 40°13′19.10″），西至甘肃嘉峪关"，而且关于长城虎山段坐标的经纬度，当年专家论定的数字与这次调查结果完全一致。多年来中学教科书《中国历史》已经相应地改写了长城"东起山海关，西至嘉峪关"的历来表述，明白地写着明长城"东起鸭绿江边，西至嘉峪关"。

我讲完虎山长城的考察、论定和修复，学友赞叹不已。我说，如果不是在 20 世纪 90 年代初做了这件事，明长城东端起点虎山段的命运，还不知道是什么样子。

车窗外，流经虎山长城的鸭绿江水平缓而清澈，诉说着虎山长城的新生，流向黄海，奔向远方。

（作者为辽宁省丹东市社会科学界联合会原党组书记、主席）

三十年，用影像为长城写诗

李少白

　　拍摄长城，也是在阅读、研究长城，经过三十多年的积淀，在我的"心理版图"上也形成了三条长城：一条是空间上的风光长城，一条是时间上的历史长城，还有一条是与人有关的人文长城。恰是这三条"长城"融汇于我的心胸，也共同组成了我所有的长城影像。

三十年，用影像为长城写诗

与北京日报社颇有渊源，20世纪80年代，在同事的鼓励下，我参加了《北京晚报》举办的一次摄影比赛，幸获小奖，从此便得无穷动力，走上了摄影的不归路。从20世纪90年代以来，我在创作之路上凭"两条腿"稳步前进：以镜头记录"别样的故宫"和"诗意的长城"。

无论是在我心中，还是在艺术创作中，长城都占据极为重要的位置，是我取用不尽的灵感源泉，也值得我用心血呈现其美。长城是祖先为我们垒筑的奇迹，在时间的长河里，它历尽沧桑，凝结着厚重的历史和自然伟力。我已经拍了三十多年，但我认为穷尽今生之力，仍无法尽然展现长城的魅力。

我与长城的渊源，是"先结婚，后恋爱"。记得第一次登上八达岭长城时，和所有的游人一样，对长城只有停留在口头的赞叹，而缺乏更为深刻的认知和感悟。后来，我逐渐从已成为景区的长城段走远，专门去荒山野岭，在不知名的残破城墙上才找到了创作的欲望。

相比拍摄其他古代工建，拍长城难度更大。拍摄故宫还可以利用错觉，利用光影效果，而长城却无法用那些简单的符号如细化、琐碎的点去诠释。

长城内外是家乡

所以，在我眼里，拍长城是一个巨大的工程，要用自己的生命去调度时间和空间：时间上，我讲求不等不靠，不刻意借助云雾的掩饰和装点，而是立意拍实实在在的长城；空间上，一步步拉宽作为摄影师的探索范围，走遍长城沿线。

多年来，我拍摄长城，也尊重长城、敬畏长城，既避免将长城拍成一般化的风景，也不刻意追求奇特气候对长城的修饰和润色。既不把长城当作影像资料，只求拍得多而全，也不把长城当成玩光弄影的小摆设，而是立足于一个"走"字，在东张西望中，从长城身上找寻一种不期而至、充满诗意的感动。

年少时，我曾经也做过诗人梦，但人生转向，踏上摄影之路。不过，我仍然可以用"写诗"的方法去拍摄长城。我记得拍摄我的摄影集《长城野韵》中的那些照片时，我尽力去还原长城的两重诗意：第一重就是英雄主义史诗。长城由砖、石、土与砂砾筑成，带有一种男性的野性力量，凝聚了中华民族太多的冀望。第二重就是生活的诗意。从我的镜头中，可以看到在颓圮的长城墙体下面，牛羊悠然走过；劳作间歇的老农，靠墙小憩；收割后的庄稼地，开满油菜花、荞麦花……这就是如陶渊明田园诗一样的农耕民族独有的生活气息，带着浓厚的诗意。在我看来，当防御的意义逐渐弱化，长城留给后人的，应该是烽烟散尽后的平和与淡泊。

长城的历史纵深感，的确会让每一个看到他的人产生敬意和虔诚，尤其是其内含的英雄主义会让摄影师误入歧途。我在拍摄长城时，也注意保持冷静和克制，把所谓主义和风格放一边，追求"有灵魂的摄影"。这就要求摄影师把自己融入进去。我之所以秉持"看不见的长城"的概念，就是要摒弃"游客视角"。因为，长城深藏无限，必须耐心寻找；长城曲折无尽，很难一眼望穿；长城沉默无言，只有用真心去感受，它才会对人开口……许多年以来，我带着相机，沿着长城，从东走向西，从西爬向东，忘掉了那些概念、象征、意义，而是凭着自己的血肉与长城零距离接触时的感觉，去重新发现那个寡言的、那个深藏的、那个真实的，也就是那个我们所谓的"看不见的长城"。只有去雕饰、求本色，放弃"匠心"，坚持自然，才能让长城自己"说话"。当把所有"技术论"抛弃一边，我想，

 长城内外是家乡

我可以越发逼近"大巧若拙"的境界。

拍摄长城，也是在阅读、研究长城，经过三十多年的积淀，在我的"心理版图"上也形成了三条长城：一条是空间上的风光长城，一条是时间上的历史长城，还有一条是与人有关的人文长城。恰是这三条"长城"融汇于我的心胸，也共同组成了我所有的长城影像。

每次去拍摄长城前，我都希望把心灵腾空，不带设想、不带概念，不受缚于过往经验或他人案例。为了开掘别人忽视或很难发现的视角，我和夜中的、雨中的、雪中的、雾中的、种种特殊气候中的长城交上了朋友。多少次翻山越岭，多少次顶风冒雨，多少次摔倒爬起，多少次彻夜不眠……这样的辛劳筋骨，与先人们修筑长城的艰辛相比，本不值一提，但心性上的磨砺让我受益良多。在几十年拍摄长城的经历中，有这么一段记忆让我难忘：在慕田峪长城附近，我迎难而上，从一段人迹罕至的长城残垣跋涉到了正北楼，猛然回首"箭扣"时，收获了一种豁然开朗之感。在那一刹，我仿佛洞悉了生命的含义，人生中受到的磨难似乎也烟消云散了。

三十年，用影像为长城写诗

长城本身就是一首伟大的诗，很荣幸，在千千万万为之写诗的影像诗人中，我是其中一员！

（作者曾任中国摄影家协会艺术委员会委员）

摄影：李少白

摄影：杨 东

用我一生为长城留影

杨 东

我的家乡在辽宁丹东虎山长城脚下，我拍的第一张照片也是我们家乡的虎山长城。拍摄长城的过程让我感到了历史的伟大，同时也深切感到个体生命的渺小，特别是一个人独自与长城对话的过程中，会触景生情，有一种穿越时空与历史对话的感觉。

长城于我而言，好比一部宝典和一座富矿。它寄寓着深沉的民族情愫，在历史、在人民面前，我深感自身的渺小和无知，始终心怀敬畏和感恩。长城静静地坐落在华夏大地，每走近它一次，它就会馈赠你一次。对我而言，被赠予的是信念、是知识、是毅力、是情怀。所以，每当用镜头对准它时，我感到快门上的指尖很重，害怕由于自己能力不足而破坏了它的应有之美。

2015 年一个偶然的机会，我登上金山岭长城，看到云间长城雄奇巍峨的壮景，深深为劳动人民的勤劳和智慧所动容。那一刻，我心中那些关于美的积淀到了一个爆发点，就想用手中的相机记录下来。

虽然拍摄长城的人很多，但很少有"90 后"参与，我想用一个年轻人的视角来拍摄，展现长城之美，从此踏上用镜头丈量长城的旅途。一转眼快十年了，从辽宁丹东到新疆，行程十万多公里，我拍摄了七十多万张长城的照片。

如果说爬长城是个体力活儿，拍长城就是个苦力活儿。为了找到好机位，我经常背着沉重的器材，行进在森林、陡坡，经常伴有雷电、冰雹，甚至还会遇到野猪、狍子等野生动物。

2018 年 12 月，得知嘉峪关要下雪，为了拍雪后初晴的长城，我从北京出发坐了 22 个小时火车，背着摄影器材和无人机来到嘉峪关长城。经过一天的等待，傍晚终于放晴了。电子设备在低温情况下耗电量非常快，就在无人机准备起飞时，平板电脑冻得关机了。如果太阳落山前还恢复不了电量，就会错过最佳拍摄时机。我毫不犹豫地拉开冲锋衣，将平板电脑紧紧贴在身上，试着用体温为电脑恢复电量。当时，我上半身都冻得麻木了，食指甚至没法按动快门，勉强用能动的中指按了三张照片后，电脑再次关机了。但终究还是幸运的，我拍到了一张满意的照片。

最幸运的一件事：2015年冬天拍摄箭扣长城。得知第二天要下雪，可能会出现云海，我背上帐篷于前夜三点赶到拍摄点等待。我是第一个到达的，天亮后，拍摄点陆续赶来百余位摄影者。但当日大雪未停，山间雾气缭绕，长城时隐时现，达不到拍摄预期效果。很多摄影者陆续离开了，我在敌楼里搭帐篷坚持了一夜。可第二天云海依旧没有出现。第三天、第四天……此时，还剩下三位摄影者。我心里很失落，也想着收工回家，但还是又坚持了一夜，天亮时，云海果真出现了。在按下快门的那一刻，几天的饥寒、孤独、无望都化成了喜悦。这喜悦诞生于"再坚持一下"的努力中。

最紧张的一件事：一次在金山岭长城寻找拍摄机位，背着器材走了大半天，也没找到理想的位置。我困顿至极，刚坐到石阶上休息，猛然看到天空飘来一片乌云，云的形态很像燃烧后翻腾的烟。我脑海中瞬间形成一幅烽火台烽烟四起的画面，仿佛穿回古战场，触摸到了长城的生命。于是，我赶紧拿出相机，调整光圈快门，顺着长城奔跑，寻找乌云和烽火台的最佳错位，以求烽烟再现的效果。至今，我仍然清晰地记得当时激动的心跳。

有人问我，你都拍摄几十万张长城照片了，还没拍够吗？其实，拍长城是一个不断了解与探索的过程。

金山岭长城城墙上数以万计的文字砖，记载着烧制城砖的年代和番号，如"万历五年山东左营造""万历六年振虏骑兵营造"等。

秦、汉长城多半是夯土筑成，这在宁夏、甘肃、新疆一带可以看到。明长城多半是用青砖砌的外墙和敌楼，中间也是用土夯实的，如著名的八达岭长城。

长城形状也多样，北京延庆花家窑有菱形敌台，山西有锯齿长城，陕西府谷有椅子形状的敌台……

长城作为一座文化富矿、精神富矿，静静地坐落在那里，你不理它，它也不理你；你对它真动情、动真情，它定会加倍地给予你。

长城内外是家乡

长城有它本来的样子,但在每个人心中,长城的样子各不相同。我用这样的构图、视角,呈现出来的就是我心中的长城。

我的家乡在辽宁丹东虎山长城脚下,我拍的第一张照片也是我们家乡的虎山长城。拍摄长城的过程让我感到了历史的伟大,同时也深切感到个体生命的渺小,特别是一个人独自与长城对话的过程中,会触景生情,有一种穿越时空与历史对话的感觉。

长城于我而言,好比一部宝典和一座富矿。它寄寓着深沉的民族情愫,在历史、在人民面前,我深感自身的渺小和无知,始终心怀敬畏和感恩。长城静静地坐落在华夏大地,每走近它一次,它就会馈赠你一次。对我而言,被赠予的是信念、是知识、是毅力、是情怀。所以,每当用镜头对准它时,我感到快门上的指尖很重,害怕由于自己能力不足而破坏了它的应有之美。

沿着长城一路下来,我感到长城作为中国最伟大的军事防御工程,尽管风雨侵蚀、时光流逝,然而,它在中国人心目中的地位反而越来越重要、形象越来越高大。伟大的长城精神已经融入每一位中国人的心里,永远不会改变。长城的烽烟时刻警醒我们,作为中国人就像国歌里面唱的一样:用我们的血肉筑起我们新的长城。

一生未必拍得完长城,但如果用一生做好这一件事,值得!

（作者为长城摄影师）

看到长城就看到了家

马誉炜

那次老专家在我们部队住了三天，帮助官兵现场解决科技练兵中遇到的各种问题。路途中的游览长城无疑给了老专家许多灵感，他在给官兵授课时，是以长城为由头开讲的。他说，巍然屹立的长城，是中国人民智慧和意志的象征。一道绵延万里的长城，在军事防御、促进交通交流与经济发展、保护农田耕种等方面都曾起到重要作用。时代不同了，我们应当筑起新的"长城"。在实战训练上首先就是要树立必胜信心，做到"心胜"在先，绝不能被遇到的难题和困难吓倒，以"攻城不怕坚，攻书莫畏难"的精神，严格要求，严格训练，不断提高部队实战能力和打赢本领。从那以后，官兵们投身科技练兵的劲头更足了，在后来的全军科技练兵比武中，我们部队取得了优异成绩。

许多年前，我在山西大同和内蒙古西北部驻军工作，每次无论乘坐火车、飞机还是长途公交车，只要一看到绵延起伏的八达岭长城，就有了到家的感觉。可以毫不夸张地说，长城，是我人生的驿站和牵挂。

有一年夏天，因部队科技练兵的需要，我陪同驻南方某军事科研单位一位老专家驱车由北京前往山西大同，一上车我便专注于向老专家请教、探讨科技练兵方面的问题。没想到司机由于路况不熟，从长城一个隧道的出口出去后，不知为何一调头又从另一个隧道口返了回来，让我们围着长城转了个圈。为了弥补司机的疏忽，我顺势对老专家说道，看来这长城也知晓您这位远方客人的辛劳，来一趟首都不容易，应该在这里多逗留一会儿，领略一下长城的秀美风光。于是，我们干脆下车，在居庸关附近做一次短暂停留，借以饱览长城壮观的美景。

正是盛夏时节，蔚为壮观的八达岭长城一望无际。青砖砌成的墙体，结实坚固的堡垒，高高耸立的烽火台，在阳光的照射下，既威严巍峨又蜿蜒迷人。茂密的绿植生机勃勃，五彩的花朵灿烂绽放。那次短暂停留，我们通过现地随访得知，在战国时期八达岭一带就筑有长城，而今仍见其残

长城内外是家乡

墙、墩台遗存，其走向与今明长城大体一致。据史书记载，当时曾设军都、居庸两座关城。北魏《水经注》中记载："南则绝谷，累石为关垣，崇墉峻壁，非轻功可举。"由此得知，居庸关历来就是重要的长城关口。戴着一副近视镜的老专家站在长城脚下，时而举目远眺，时而闭目沉思，像是在穿越时空思考深层次的问题。

那次老专家在我们部队住了三天，帮助官兵现场解决科技练兵中遇到的各种问题。路途中的游览长城无疑给了老专家许多灵感，他在给官兵授课时，是以长城为由头开讲的。他说，巍然屹立的长城，是中国人民智慧和意志的象征。一道绵延万里的长城，在军事防御、促进交通交流与经济发展、保护农田耕种等方面都曾起到重要作用。时代不同了，我们应当筑起新的"长城"。在实战训练上首先就是要树立必胜信心，做到"心胜"在先，绝不能被遇到的难题和困难吓倒，以"攻城不怕坚，攻书莫畏难"的精神，严格要求，严格训练，不断提高部队实战能力和打赢本领。从那以后，官兵们投身科技练兵的劲头更足了，在后来的全军科技练兵比武中，我们部队取得了优异成绩。

由于一年四季经常往返于长城内外，我的记忆里有着八达岭长城不同的色彩。每当春临大地，岭上阳光明媚，山谷绿意盎然，漫山遍野的桃花、杏花、山茶花，以及各种叫不上名字的鲜花，争相簇拥着古老的城墙，一派长城处处尽芳菲、美景惹得游人醉的景象。到了盛夏季节，骄阳似火，奇热无比，但在长城一带总有和煦微风吹拂，正值雨季，烟雨蒙蒙中的长城别有一番气象，远看就如同一条出水的蛟龙。金秋的八达岭长城更是迷人，天高云淡，秋高气爽，万木争妍，五彩缤纷。尤其是那遍布山野火红的枫叶，最为惹人喜爱。冬日的八达岭长城，白雪皑皑，银装素裹，城墙楼台，轮廓分明，更显出其冷峻的英姿和雄伟的风采。

　　转眼我已居住京城多年，这长城美景，不就是家乡的色彩吗？看到长城就看到了家，我爱长城，我爱家。

（作者为部队思想政治工作者，中国作家协会会员）

旧识新知长城缘

孙明舜

白驹过隙,我也到了快退休的年龄。看着手边厚厚的长城稿件,想着冥冥中自己与长城的缘分——从小时候远望长城,到登上长城,再到如今参与编纂长城文化辞典,获得关于长城的新知……心头不禁感慨万千。

我家住在长城脚下，小时候从家门前望去，远处的长城如巨龙般蜿蜒在崇山峻岭间，遥远而神秘。那时候我想，是谁把长城修在了人迹罕至的大山上，修它干什么用？带着深深的疑问和好奇，长城在我童年的记忆里便有了烙印。

走上工作岗位，我执教的中学就坐落在长城边，四季与长城为伴。清明前后，长城掩映在一片杏花花海中，美不胜收。每天午饭后，老校长就领着我们这些年轻人爬长城。路边杨柳依依，田地里劳作的农民，古老的长城，年轻的我们，让春天的大地生动起来……一眨眼，几十年过去了。

我对长城有更深入的了解，还是在密云区政协参与编纂《北京长城文化辞典》。2023年，北京市政协部署了编纂辞典的工作，涉及密云等6个有长城的区。6个区里，密云的长城资源存量最多。我翻阅《明实录》《清实录》《顺天府志》《密云县志》等大量史料，有不少新发现，越看越震惊。比如密云的长城，大部分是明代修建的，但在古北口有一段3.76千米的北齐长城，这也是已知的北京市现存最古老的长城之一。

再如，明代长城为什么历经几百年风雨不倒，没有豆腐渣工程？这与严格的工程验收管理有直接关系。《明实录·神宗实录》有明确记载，蓟镇和辽东镇的长城，新建或重修，填芯必须用砖石，灌缝必须用灰泥，多高多大都是一样的工艺质量要求。完工还要过验收这一关，由"镇"和"协"两级派出验收人员，用长长的大铁锥从中间往下插，以扎不到地面见新土为上等，并给予优厚的奖励，以随插随下为不合格，要被追责，讨回往日的工钱和犒劳，留作日后补修此段工程的费用。

另外，爬过长城的人都知道，长城周围植被茂密，但这些树木不都是自然生长的，很大一部分是修长城时士兵们栽种的，这与长城"种树固险"的御敌策略有直接关系。据明《四镇三关志》记载，在边墙内外，凡是敌人马匹可通行的地方，发动士兵广泛种植榆树、柳树、桃树、杏树，以固边险。仅密云的墙子路、曹家路、古北口、石塘路四路，就栽植了榆树、柳树 1 684 153 棵，种植桃、杏等种子 59 石 9 斗。从这里也可以看出，修长城的过程，亦是一个绿化的过程。

明代耗费大量的人力、物力、财力修筑长城，到清代为什么不修筑了？在电视剧《康熙王朝》中，康熙皇帝被张廷玉题在八达岭长城上的一句诗"万里长城万里空，百世英雄百世梦"所点醒，作出了不修长城的决定。但那是坊间传闻。真实的情况是，康熙皇帝在看到古北口总兵蔡元上疏修缮倒塌边关城墙的请示及工部同意修缮的批示后，对文华殿众大臣说，从秦朝开始，历朝历代都修筑长城，他们就没有边患了吗？我太祖率领八旗劲旅长驱直入，长城也没有抵挡住。治理国家的根本不在险固而在人心，皇帝和臣子们要修养自己的品德，让百姓生活得幸福快乐，那么就会上下一心，边疆自然就能巩固，这就是众志成城的道理。

白驹过隙，我也到了快退休的年龄。看着手边厚厚的长城稿件，想着冥冥中自己与长城的缘分——从小时候远望长城，到登上长城，再到如今参与编纂长城文化辞典，获得关于长城的新知……心头不禁感慨万千。

（作者为北京市密云区政协教文卫体、学习与文史委主任）

摄影：李少白

摄影：杨 东

风过长城岭

张金刚

有"冀晋咽喉"之称、地处"燕晋分疆处"的长城岭，海拔一千五百多米，群峰连绵，松涛阵阵，尽显巍巍太行的雄伟壮丽之姿。

面向蜿蜒北上的明长城，身依"万里长城·长城岭"的标志碑，我肃然静立；右手一指是燕赵大地的河北阜平，左手一指是三晋大地的山西五台。虽地域、文化有异，然而冀晋同在八百里太行，山同脉、水同源、路相通、人相亲。

多次站在长城岭山口，我似站在自然与历史的风口，感受着来自河北慷慨悲歌的风吹到五台，来自山西文明厚重的风吹到河北；山风清凉，挟着故事，拂过历经近五百年风雨的边墙垛口、青砖石条，我不禁心潮翻涌、思绪万千。

有"冀晋咽喉"之称、地处"燕晋分疆处"的长城岭，海拔一千五百多米，群峰连绵，松涛阵阵，尽显巍巍太行的雄伟壮丽之姿。

面向蜿蜒北上的明长城，身依"万里长城·长城岭"的标志碑，我肃然静立；右手一指是燕赵大地的河北阜平，左手一指是三晋大地的山西五台。虽地域、文化有异，然而冀晋同在八百里太行，山同脉、水同源、路相通、人相亲。

多次站在长城岭山口，我似站在自然与历史的风口，感受着来自河北慷慨悲歌的风吹到五台，来自山西文明厚重的风吹到河北；山风清凉，挟着故事，拂过历经近五百年风雨的边墙垛口、青砖石条，我不禁心潮翻涌、思绪万千。

这道岭原来叫什么，不得而知，也已不重要。有道是，凭借高山天险之势，这里自古便是兵家必争之地，曾为宋辽交兵的古战场。兵戎相见、战马嘶鸣的场景，已然隐没在离离荒草之中；可杨六郎挂过盔甲的松树被叫作"挂甲树"，杨家将战马蹄刨水涌的山泉被叫作"马刨泉"的故事却世代流传。自从明朝万历年间在阜平史家寨、吴王口、龙泉关，特别是西

长城内外是家乡

部山口一带，修建长城关隘、驻兵御守起，及至清朝几百年，明朝内长城雄踞太行、贯通南北、扼守关口的地理军事地位，始终未曾撼动。此岭也便因长城得名"长城岭"，沿用至今。

"长城岭"此名，我目前见过最早的出处，是《徐霞客游记·游五台山日记》开篇中的记述。

三百多年前的明崇祯六年（1633年），从北京去往五台山游历的徐霞客，经阜平县城一路向西，于八月初四到达并留宿"重城当隘口"的军事重镇龙泉关。如今，曾经的古城已不复存在，瓮城、楼台、军营、寺庙、商铺及应运而生的人文民俗，皆流进了历史的长河，留在了古籍的书页。但若在龙泉关村流连，残存的城内古石桥、瓮城城门，还依稀可以望见古城的厚重与雄姿。砌建城门的明朝青砖虽已有风化痕迹，却依然支撑数米高的拱形城门屹立不倒、风骨犹健。

初五日，徐霞客"北行十里……如是五里……又直上五里，登长城岭绝顶"。"长城岭"三个字赫然留存于《徐霞客游记》中，让我很是激动。穿越历史，我欣喜地"看到"了当年徐霞客笔下长城岭巍峨壮美的模样："回望远峰，极高者亦伏足下，两旁近峰拥护，惟南来一线有山隙，彻目百里。岭之上，巍楼雄峙，即龙泉上关也。关内古松一株，枝耸叶茂，干云俊物。关之西，即为山西五台县界。"如今，雄峙峰顶的巍楼已然不见，只余那座沧桑雄健、如历史之眼的城门在绝顶矗立；虽寻不到那株古松，却见南山有大片落叶松林，在四季轮转中逐年繁密苍翠。北山，从明朝走来的古长城，早已完成守卫疆土的职责，彻底留给了自然与时间，在那里静默着、苍老着。

徐霞客之后，据载，清朝康熙、雍正、乾隆、嘉庆数位皇帝到五台山礼佛进香的龙辇仪仗，曾十余次浩浩荡荡跨过长城岭。这条路，因此被称作"古御道"。两百多年前的1761年3月，乾隆帝路经长城岭时，曾邂逅过一片明丽的杏花，留下了御笔诗画，为往返行程平添了情趣。我也曾在长城岭看过红云般的杏花，而我所看到的"杏花图"当是与乾隆帝看过的别无二致吧。

及至近代，长城岭作为奉系军阀与晋系军阀割据势力的分界，又成为晋奉之战的战场。我曾"探秘"长城岭一带隐在山野的阎锡山军队的战略

长城内外是家乡

工事"藏兵洞"。低矮精巧的石砌山洞,掩藏在树林草丛之中。战事已远,洞空荒废,驻守于此的士兵命运几何,着实令人感喟!

长城岭,是一道英雄的岭。抗日战争爆发后,长城岭成为抗战岁月的见证。1937年11月7日,根据中共中央决定,晋察冀军区在长城岭以西的五台县普济寺宣告成立,聂荣臻为司令员兼政治委员。军区成立11天后,聂荣臻率领军区领导机关及八路军115师一部,从五台县向东越过长城岭,移驻阜平县城,创建了晋察冀根据地的中心。无数抗日将士、先进青年、国际友人跨越长城岭,与广大边区群众一道,艰苦奋斗,顽强战斗,筑起抗日救亡的钢铁长城。

长城岭,亦是一道荣光的岭。1948年春天,毛泽东率领党中央从陕北米脂县杨家沟出发,东渡黄河,路经山西,翻过五台山,跨越长城岭,于4月12日来到晋察冀首府所在地阜平。透过现藏于晋察冀边区革命纪念馆的油画《踏遍青山》,可以想象当年毛泽东、周恩来、任弼时等党中央领导同志,登上长城岭,极目远眺、指点江山的坚毅与豪迈。毛主席在此共工作生活了46天,其间召开城南庄会议,发布了著名的《中共中央纪念

"五一"劳动节口号》，发出了建立新中国的动员令。

作为出冀入晋、朝拜五台，离晋觐京、晋冀通商的必经之地，长城岭脚下的龙泉关镇以及阜平城、王快镇曾为冀西深山三座大镇，店铺林立，人流如织，一度繁华。然而，后因连年军阀混战、持久抗战，加之地处偏远、资源匮乏，这里发展迟滞落后，成为国家级深度贫困县。

2012年12月30日上午，习近平总书记顶风踏雪来到长城岭脚下的龙泉关镇的顾家台村、骆驼湾村，慰问贫困群众，共谋脱贫大计，向全党全国发出了新时代脱贫攻坚的动员令。一时间，新时代脱贫攻坚的澎湃春潮，从太行深山里的两个村庄迅速蔓延到全国。经过十几年持续不懈的奋斗，摆脱贫困、建成小康、走向振兴的村镇，山乡巨变，一派生机。

又一季秋风飒飒秋草黄，风过长城岭，沉香岁月长。长城岭的故事仍在继续……

（作者为河北省作家协会会员，河北省保定市阜平县文联主席）

我的"长城印象"

高 诺

长城,是壮丽河山的化身,这是我对长城的幼时印象。

长城,是中华文明的符号和爱国精神的象征,这是我在小学时对长城的印象。

长城,是各族人民智慧的结晶和民族命运共同体的见证,这是我在大学时对长城的印象。

长城,在保护中利用,在传承中发扬,长城会更加壮美多姿,这是我对长城的最新印象。

我的"长城印象"

我的家在北京,因爸爸酷爱远足和摄影,小时候跟随他游遍了北京和周边的长城,有八达岭、慕田峪、金山岭、司马台、山海关等。当然,这都是我后来在照片里看到的。爸爸告诉我,据考证,长城的总长度有十万里呢,我走过的,不过是其中短短的一小段。

可惜年龄太小,印象大多模糊。我犹记得八达岭长城又高又长,一会儿像高山一样耸立在面前,一会儿随着山势转向远方,忽然又在对面大山中若隐若现,犹如一条巨龙昂首挺胸盘旋在天空。我最喜欢在宽大的长城台阶上蹦跳着奔向一座又一座城楼,有时通过瞭望口远眺漫山遍野的山花,有时站在高处向着山野高喊"我来了"。

后来,长城的影子时常出现在生活中,电视节目、人民币、课本上……凡见长城,其巍峨耸立、绵延不断的样子,总让我感到祖国大好河山的壮美宏伟。

长城,是壮丽河山的化身,这是我对长城的幼时印象。

上小学了,我学会了唱国歌:"起来!不愿做奴隶的人们!把我们的

 长城内外是家乡

血肉,筑成我们新的长城!"

我喜欢吟咏关于长城的诗篇:"天高云淡,望断南飞雁。不到长城非好汉,屈指行程二万(毛泽东《清平乐·六盘山》)","誓辞甲第金门里,身作长城玉塞中(王维《燕支行》)"……

在老师的引导下,我慢慢理解到长城之所以被人们提起和引用,不仅是因为长城那巍峨的雄姿和悠久的历史,更是因为长城这一伟大建筑中体现了中华民族自强不息、顽强拼搏的奋斗精神,众志成城、守望和平的民族特质。

长城是钢铁意志,"一夫当关,万夫莫开";长城是家国情怀,永久烙印在每个中国人的血脉中。一个中国人,不知何时内心就会被击中并开始"血脉觉醒",为它升腾起壮怀激烈的情感。

长城,是中华文明的符号和爱国精神的象征,这是我在小学时对长城的印象。

上大学了,上学期有门功课叫"中华民族共同体概论",布置了一项社会实践作业,让各小组选取一个特定主体,结合专业视角、见闻经历,

反映当代大学生对铸牢中华民族共同体意识的思考与感悟。作为小组长，怎么才能带领大家找到独特视角，并且还要突出美术专业特长呢？冥思苦想了好几周，一篇关于居庸关云台的游记终于让我灵感乍现。走，到长城去！

正是人间四月天，我和小组一行六人乘坐著名的"花海列车"S2线，在一丛又一丛梦幻般的杏花间穿行。大家分享查阅的资料：除了所谓"天下第一雄关"的军事地位，居庸关在明清几百年间，还成为边贸物流通道的重要节点和服务商贸的和平驿站，有"关南锁钥，民庐市廛，颇为稠密"的记载。

我们很快来到了居庸关。从资料得知，这座名叫"云台"的建筑物原是一座过街塔的基座，元朝时所建。虽在照片见过，但看到实物后，我们还是被它尤其是浮雕的精美震撼了！只见云台矗立在群山之间，两侧尽是峰峦叠翠、烂漫山花。云台的券洞内壁刻有蒙、汉、藏、回鹘、梵、西夏等多种文字的佛经，还有各种佛像、天王形象。

"快来看！这在审美上既有藏传佛教雕塑艺术的特征，也融入了许多汉地文化色彩，同时也有西域元素……"同学们凑近了细细地观看，一边掏出相机"咔咔咔"，一边兴奋地交流自己的"发现"。之后，我们拿起画笔写生，各种古拙遒劲的线条渐渐在纸上生动起来……

"长城是中华民族共同的精神财富。长城不仅是汉族所建，辽、金等许多少数民族朝代都修筑过，云台就是元朝的遗存。"回学校后，由我代表小组给全班作分享。不仅如此，云台调研还让我们认识到，长城不只是军事工程，还具有很高的艺术价值，是各民族文化交往、交流、交融的瑰宝。我们的小组作业由于选题新颖、调研扎实、展示生动，被评为最佳调研作业，老师还鼓励我们继续沿着这个选题深入挖掘探寻。

长城，是各族人民智慧的结晶和民族命运共同体的见证，这是我在大学时对长城的印象。

2024年国庆节，我随爸爸来到向往已久的古北口长城。古北口长城是最完整的长城体系，由北齐长城和明长城共同组成，包括卧虎山、蟠龙山、金山岭和司马台4个城段。作为明长城中保存最为完整、构筑最复杂、楼台最密集的一段，金山岭长城因为明朝戚继光在此修建长城并据以镇守北疆，更富历史沧桑感和历史厚重感。

除了依然被长城的巍峨壮美所震撼，这次参观又有一些新的发现。晨起登山过程中，偶遇上山巡查的长城保护员，他们说全村80%的村民都是长城保护协会的志愿者；下山途中，又遇一队开展"薪火相传在长城"主题实践活动研学的中学生，他们灿烂的笑容与美丽的城墙相映成趣；夜幕降临，在广场上欣赏非遗项目"抡花"表演，铁花四溢，好似万丈金光在闪耀；夜晚住在民宿中，当地村民阿姨说，2024年，习近平总书记给八达岭长城的乡亲们回信后，不但所有长城脚下的村民们备受振奋，而且现在来长城游玩的人们越来越多，他们的生意也越来越红火，长城的保护和开发越来越和谐。

长城，在保护中利用，在传承中发扬，长城会更加壮美多姿，这是我对长城的最新印象。

（作者为中央民族大学美术学院2023级美术教育师范专业学生）

摄影：李少白

摄影：杨　东